POLYGLOTT-REISEFÜHRER

Istrien
Slowenien

Mit den Inseln
Cres, Lošinj, Krk und Rab

*Mit 28 Illustrationen
sowie 18 Karten und Plänen*

POLYGLOTT-VERLAG
MÜNCHEN

Herausgegeben von der Polyglott-Redaktion
Verfasser: Paul Gnuva und Martin Amode
Illustrationen: József Fábián
Karten und Pläne:
Franz Huber, Gert Oberländer und Ferdinand Helm

✱

Wir danken dem Jugoslawischen Fremdenverkehrsamt in Frankfurt/M. und München für die uns bereitwillig gewährte Unterstützung. Ergänzende Anregungen, für die wir jederzeit dankbar sind, bitten wir zu richten an:
Polyglott-Verlag, Redaktion, Postfach 401120, 8000 München 40.
Alle Angaben (ohne Gewähr) nach dem Stand vom Februar 1983.

✱

Zeichenerklärung:

✈ Flugverbindungen   🚂 Eisenbahnverbindungen

🚌 Autobusverbindungen   ⛴ Schiffsverbindungen

🏨 Erstklassige Hotels   🏨 Gute Hotels

🏠 Einfache Hotels und Pensionen

⚠ Jugendherbergen   ⚠ Campingplätze

🚠 Bergbahnen

Die in eckigen Klammern stehenden Ziffern decken sich mit den auf den Plänen eingezeichneten Ziffern.
Kilometerangaben hinter Ortsnamen zeigen die Entfernung vom Beginn der jeweiligen Route aus an.

✱

Aussprache des Serbokroatischen:

c wie z in Zeit   s wie ß in Maß
č wie tsch in Tschako   š wie sch in schön
ć etwa wie tch in Hütchen   v wie w in Wort
d wie dj   z wie s in Rose
dž wie dsch in Dschungel   ž wie g in Genie
h wie ch in ach
r oft auch Selbstlaut zwischen Mitlauten

Aussprache des Slowenischen:

c wie z in Zeit   š wie sch in schön
č wie tsch in Tschako   v wie w in Wort
h wie ch in ach   z wie s in Rose
s wie ß in Maß   ž wie g in Genie
r zwischen Mitlauten mit flüchtigen e vor r
l vor Konsonant und am Wortende oft wie u
v im Wort- bzw. Silbenauslaut wie kurzes u

✱

8. Auflage · 1983/84
© 1973, 1978 by Polyglott-Verlag Dr. Bolte KG, München
Printed in Germany / Druckhaus Langenscheidt, Berlin / Bu,w. II. Zc.
ISBN 3-493-60821-7

Auf einer Halbinsel drängen sich die Häuser von Piran zusammen

Land und Leute

Jugoslawien ist schon seit Jahren eines der beliebtesten europäischen Ferienländer. Vor allem die Adriaküste und die vorgelagerten Inseln wurden von Millionen sonnenhungrigen Touristen besucht. Eine Spitzenstellung nehmen dabei Istrien und die nahegelegenen Inseln des Kvarnergolfs ein, die von Mitteleuropa aus leicht erreichbare Urlaubsziele sind. Auch das Gebirgsland Slowenien wird von Urlaubern, die Ruhe suchen, und von Wintersportlern immer mehr besucht.

Lage

Istrien, das zum jugoslawischen Bundesstaat Kroatien gehört, ist eine Halbinsel in der nördlichen Adria zwischen dem Golf von Triest und dem Kvarnergolf. Zu dieser Ferienlandschaft gehören auch die Inseln im Kvarnergolf und der gegenüberliegende Streifen des Kroatischen Küstenlandes (Hrvatsko primorje).

Slowenien ist der nordwestlichste der jugoslawischen Bundesstaaten. Es grenzt im Osten an Ungarn, im Norden an die österreichischen Bundesländer Steiermark und Kärnten, im Westen an Italien und im Süden an Kroatien. In der Nordwestecke von Istrien gehört ein schmaler Streifen der Küste zu Slowenien, das Slowenische Küstenland (Slovensko primorje).

EINIGES ÜBER JUGOSLAWIEN

Mit fast 256 000 Quadratkilometern ist das auf der Balkanhalbinsel gelegene Jugoslawien etwas größer als die Bundesrepublik, dreimal so groß wie Österreich und sechsmal so groß wie die Schweiz. Es grenzt an Italien, Österreich, Ungarn, Rumänien, Bulgarien, Griechenland und Albanien. Den größten Teil der westlichen Begrenzung bildet das Adriatische Meer.

Jugoslawien ist nicht nur Küstenland, sondern vor allem Gebirgsland. Im Norden, in Slowenien, erheben sich die Julischen Alpen (Triglav 2863 m), parallel zur Küste ziehen die Dinarischen Alpen. Nur ein Viertel des Landes liegt tiefer als 500 Meter. Das sind vor allem die Ebenen an den Flüssen Save und Donau, die auch die fruchtbarsten Gebiete Jugoslawiens sind.

Obwohl Jugoslawien größer als die Bundesrepublik ist, hat es nur etwa ein

Drittel der Einwohner Westdeutschlands, nämlich 22,5 Millionen. Die Bevölkerung besteht aus den südslawischen Völkern der Slowenen, Kroaten, Serben, Makedoniern und aus zahlreichen anderen Nationalitäten (vor allem Albaner und Ungarn).

Amtlich heißt der jugoslawische Staat Sozialistische Föderative Republik Jugoslawien (Socijalistička Federativna Republika Jugoslavija, SFRJ). Er besteht aus sechs Bundesländern: Serbien, Kroatien, Bosnien-Herzegowina, Makedonien, Slowenien und Montenegro. Dazu kommen die autonomen Gebiete Vojvodina und Kosovo, Provinzen mit gemischter Bevölkerung.

Die jugoslawische Fahne zeigt Blau-Weiß-Rot in waagrechter Anordnung untereinander, in der Mitte des weißen Feldes ist ein fünfzackiger roter Stern auf gelbem Grund.

ISTRIEN UND DER KVARNERGOLF

Als Ferienlandschaft ist Istrien in erster Linie ein Teil der Adriaküste. Jugoslawien hat an der Ostküste dieser großen Bucht des Mittelmeers einen Anteil, der von Ankaran bei Triest bis Ulcinj an der albanischen Grenze etwa 630 Kilometer in der Luftlinie beträgt. Die wirkliche Länge der Küste überschreitet jedoch 6000 Kilometer. Die Küste der Halbinsel Istrien ist etwa 270 Kilometer lang, das Kroatische Küstenland etwa 150 Kilometer.

Landesnatur

Die Halbinsel Istrien hat die Form eines Dreiecks, dessen Basis von Triest nach Rijeka verläuft und dessen Spitze genau nach Süden zeigt. Das Innere Istriens ist verkarstetes Bergland, das nach Osten steil abfällt, sich nach Westen aber flach abdacht – so ist der Küstensaum im Osten schmal, im Westen dagegen breit. Nach den Farben des nackt zutage tretenden Gesteins unterscheidet man den Weißen Karst – in Slowenien und Nordistrien – den Grauen Karst in Mittelistrien und den Roten Karst in Südwestistrien. Die buchtenreiche Felsenküste bietet zahllose Badeplätze, aber kaum Sandstrände.

Die bedeutendsten Städte liegen an der Küste: im Slowenischen Küstenland Koper, an der Westküste Poreč und Rovinj, im Süden Pula, im Osten Opatija.

Das Kroatische Küstenland ist ein schmaler Saum zwischen dem Kvarnergolf und den rauhen Küstengebirgen Kapela und Velebit. An der verkehrsgünstigen Nahtstelle zur Halbinsel Istrien liegt Jugoslawiens größte Hafenstadt Rijeka, weiter im Südosten als bedeutendste Siedlungen der Badeort Crikvenica und die Stadt Senj unter dem Einschnitt zwischen der Kapela und dem Velebit.

Zwischen Istrien und dem Küstengebirge liegen im Golf Kvarner (ital. Quarnero) eine Reihe von größeren und kleineren Inseln. Die größten sind Krk, Cres mit der daranhängenden Schwesterinsel Lošinj sowie Rab. Die Inseln sind entstanden, als einige Ketten des Küstengebirges ins Meer abgesunken sind, sie bilden die Inselketten, die die Küste begleiten. Die ertrunkenen Täler heißen meist „Kanäle". Sie waren zur Zeit der Segelschiffe wichtige Straßen für die Schiffahrt und sind es teilweise noch heute, weil sie vor den Seewinden geschützt sind. Im Winter sind die Kanäle jedoch dem rauhen Fallwind aus den Bergen, der Bura, ausgesetzt. Die Bura peitscht die Salzgischt gegen die Inseln, deren östliche Ufer deshalb völlig kahl sind.

Das Meer

Das Adriatische Meer, das die gesamte Landschaft, das Klima, das Leben der Küsten- und Inselbewohner beherrscht, ist eigentlich nur eine große Bucht des Mittelmeers. Das Wasser ist hier fast immer klar und blau, es hat einen höheren Salzgehalt und gilt daher als besonders heilsam. Es wird im Sommer bis zu 28 Grad warm, was vor allem einer an der jugoslawischen Küste nach Norden ziehenden Strömung zu verdanken ist. Im Winter wird das Meerwasser nirgends kälter als 12 Grad. Man kann also oft schon im April und bis in den Oktober hinein baden.

Klima und Wetter

In Istrien und im Kvarnergebiet herrscht Mittelmeerklima: warme, trockene Sommer und milde Winter; die regenreiche Zeit fällt in die Monate November, Februar und März; an der Küste fällt kaum jemals Schnee. Das milde Klima ist einer warmen Meeresströmung aus dem Süden, den wärmespeichernden Wassermassen und dem schützenden Gebirgswall zu verdanken.

In Rovinj betragen die mittleren Tagestemperaturen im Januar 2 bis 9, im April 8 bis 17, im Juli 18 bis 28, im Oktober 10 bis 19 Grad. Wolkenlose Tage werden 90 im Jahr gemeldet. Die mittlere Temperatur der Wasseroberfläche beträgt im Januar 7, im April 11, im August 23, im Oktober 17 Grad. Manche Orte wie Čikat auf der Insel Lošinj sind noch stärker begünstigt: hier wird das Wasser nie kälter als 12 Grad, die Sonnenscheindauer beträgt 2400 Stunden im Jahr.

Die das Wetter bestimmenden Winde sind die warme und feuchte Südwind Jugo oder Scirocco, der häufig schlechtes Wetter bringt. Erfrischend sind im Sommer der vom Meer zur Küste wekende Maestral, die von Norden kommende Tramuntana und der Südwestwind Lebić (Lebiccio). Kalt und trocken ist die hauptsächlich im Winter von den Bergen herunterstürzende Bura (slowenisch und italienisch bora). Die den Bergen ferner liegenden Küstengebiete und Inseln sind von der Bura kaum betroffen. Sie ist aber besonders heftig, wo sich enge Täler zur Küste hin öffnen. Im allgemeinen ist das Klima auf den Inseln ausgeglichener als an der Küste.

Der Karst

Die Ostküste der Adria und des Ionischen Meeres von Triest bis Südgriechenland ist Karstgebiet. Es ist mehr oder weniger eine Steinwüste, die durch Karstbildung entstanden ist. Karst entsteht überall, wo es leicht im Wasser lösliches Kalkgestein gibt, zudem wurde hier die Karstbildung durch das Klima begünstigt. Die Karstlandschaft ist aber auch nicht ohne Zutun des Menschen entstanden: Der Bedarf an Holz, besonders zur venezianischen Zeit, trug dazu bei, daß durch die Abholzung die Humusbildung unterbunden wurde, und die Ziege, das wichtigste Haustier karger Gebirgsgegenden, richtete große Schäden am Pflanzenwuchs an.

Der Kalk wird vom Regenwasser porös gemacht, und dieses sickert durch das Gestein, sammelt sich in Höhlen und unterirdischen Kanälen. Im Karstgebiet gibt es Flüsse, die irgendwo in einer Spalte verschwinden und irgendwo anders plötzlich wieder an die Oberfläche kommen. Oft versickern diese Karstflüsse hinter dem Küstengebirge und treten unter der Meeresoberfläche wieder hervor.

In den Dolinen, runden Vertiefungen, die durch Einbruch unterirdischer Höhlungen entstanden sind, hat sich die Humuserde erhalten. Eine große Doline, die ein weites Tal bildet, heißt Polje, das Feld. In diesen Oasen wird intensiv Landwirtschaft betrieben.

Die vom Menschen genutzte Karstlandschaft ist von Mauern durchzogen, die in generationenlanger Arbeit mühsam durch das Sammeln von Steinen entstanden sind. Teils dienen die Mauern als Abgrenzungen von Schafweiden, teils als Schutz der kostbaren Erde vor Wind und heftigen Regengüssen und der darin wachsenden Pflanzen vor den Weidetieren.

Die Karstlandschaft ist meist arm an Wasser, weil Quellen selten sind. Auf manchen Inseln gibt es überhaupt kein fließendes Wasser. Dort hat jedes Haus seine Zisterne, in der das Regenwasser gesammelt wird, und es werden auch große Zisternen auf den Berghängen über den Ansiedlungen gebaut. Teilweise wird die Wasserversorgung von Tankschiffen übernommen.

Pflanzen und Tiere

Wo die Steinwüste zurücktritt, weil Erde und Wasser vorhanden sind, herrscht oft üppige Vegetation. Im Klimagebiet des Mittelmeeres, dessen „Leitpflanze" der Ölbaum ist, besteht das ursprüngliche Pflanzenkleid aus Wäldern immergrüner Bäume, vor allem Steineichen, Strandföhren und – seltener – Pinien. Diese Wälder sind aber durch rücksichtslose Abholzung, Weideschäden und Verkarstung selten geworden. Heute herrschen im Küstengebiet die Macchia, ein Buschwald aus immergrünen Pflanzen, und fast kahle Felswüsten vor. In der Macchia duften Salbei, Thymian und Rosmarin.

Ein sehr charakteristischer Baum der Adriaküste ist die Zypresse. An geschützten Uferpromenaden hat man seit dem vergangenen Jahrhundert viele Palmen gepflanzt. Auch andere orientalische oder exotische Pflanzen wurden eingeführt und fanden hier günstige Lebensbedingungen, so Akazien, Agaven, Feigenkaktus. Nutzpflanzen sind Feigen-, Öl-, Maulbeer- und Lorbeerbaum. Auf den landwirtschaftlich nutzbaren Flächen werden Getreide, Wein, Tomaten, Paprika und noch viele andere Gemüse- und Obstsorten kultiviert.

Überall huschen Eidechsen zwischen Steinen und Gebüsch. Mit den vielen Arten sind die Insekten vertreten, am auffälligsten ist die Gottesanbeterin, eine bizarre räuberische Fangschrecke. Vor allem nachts hört man das Gezirpe der Zikaden. Abgesehen von harmlosen Nattern sind gefährliche Schlangen wie die Sandviper sehr selten.

Über die Meerestiere gibt ein Besuch auf einem Fischmarkt oder im Aquarium gute Auskunft. Nur noch selten kann man Delphine bei ihren Spielen beobachten. Den großen Schiffen folgen manchmal Haie in die Küstengewässer der Adria; wenn man nicht zu weit hinausschwimmt, wird man ihnen kaum begegnen.

Bevölkerung

In Istrien, im Kroatischen Küstenland und auf den Kvarnerinseln leben Kroaten. Eine italienische Minderheit gibt es im Slowenischen Küstenland, in Teilen Westistriens und auf der Insel Lošinj. In vielen Orten sind deshalb zweisprachige Aufschriften zu finden, und in Geschäften, Ämtern und ähnlichem werden sowohl das Kroatische oder Slowenische als auch das Italienische gesprochen.

In Istrien leben aber auch noch Angehörige anderer Völker, die sich in den Türkenkriegen hier angesiedelt haben oder angesiedelt wurden wie Rumänen und Serben. Bis ins 20. Jahrhundert hinein wurde mancherorts noch das Istroromanische gesprochen, die Sprache der vorslawischen und voritalienischen einheimischen Bevölkerung, die in der Römerzeit romanisiert wurde.

Wirtschaft

Die Halbinsel Istrien ist vorwiegend agrarisches Gebiet, denn weite Teile sind sehr fruchtbar. Auf den Inseln wird viel Obst und Gemüse angebaut, soweit es der Boden zuläßt, während das Kroatische Küstenland kaum landwirtschaftlich genutzt werden kann.

Die Industrie ist noch nicht sehr entwickelt. Große Werften gibt es in Rijeka und Pula, im istrischen Hinterland wurden in den letzten Jahren viel Kleinindustrie (Elektronik, Plastik, Lebensmittel) angesiedelt. Haupterwerb ist in weiten Gebieten der Küste und der Inseln der Tourismus.

SLOWENIEN

Obwohl Slowenien durch die Gebirgswand der Karawanken und durch den Poßruck von Kärnten und Steiermark getrennt ist, gleicht seine Landschaft in weiten Gebieten der österreichischen: Hochgebirge, romantische Täler, liebliche Hügel und fruchtbare Ebenen bilden hier den Übergang der Alpenländer zur Mittelmeerwelt und zu den Ebenen Pannoniens.

Landesnatur

Die Geographie des 20 000 Quadratkilometer großen Landes ist sehr abwechslungsreich: Das Hochgebirge der Karawanken im äußersten Nordwesten besitzt im Triglav (2863 m) den höchsten Berg Jugoslawiens. Es läuft im Poßruck (Kozjak) bei Maribor aus und geht im nordöstlichsten Landstrich, dem Prekomurje, in die ungarische Tiefebene über. Der Mittelteil des Landes ist vom Slowenischen Hügelland gefüllt. Die wichtigsten Flüsse sind die Sava (Save), die Drava (Drau), die Mura (Mur), die Savinja (Sann), die Krka (Gurk) und die Soča (Isonzo). Im Karst (s. S. 5), der den Süden Westsloweniens einnimmt, versickern die Flüsse, um später unter anderem Namen wieder zutage zu treten; sie schufen dabei Grotten, die zu den größten Sehenswürdigkeiten Sloweniens gehören: die Grotten von Postojna (Adelsberg) und Škocjan (St. Kanzian).

Klima

Slowenien hat in seinem nordwestlichen Teil ein dem benachbarten Kärnten, in seinem südwestlichen Teil ein dem angrenzenden Istrien ähnliches Klima. Das übrige Slowenien wird, ohne schützende Berge im Osten, von kontinentalem Klima mit heißen Sommern und strengen Wintern beherrscht.

Bevölkerung

Mit Ausnahme seines Küstenlands, wo auch Italiener leben, hat Slowenien eine einheitliche Bevölkerung: das südslawische Volk der Slowenen, das einst weit in die Alpen und nach Pannonien hinein siedelte. Die 1,8 Millionen Slowenen, die ein Zwölftel der jugoslawischen Bevölkerung ausmachen, sprechen slowenisch. Diese Sprache unterscheidet sich vom Serbokroatischen der benachbarten Kroaten und der im Osten lebenden Serben in Wortschatz und Grammatik.

Wirtschaft

Slowenien ist reich an Wasserkraft (zahlreiche Staustufen in den Flüssen) und an Bodenschätzen (Kohle, Eisenerz, Blei, Zink, Quecksilber und Bauxit). Ihre intensive Nutzung hat dazu geführt, daß sich Slowenien aus einem bäuerlichen in ein hochindustrialisiertes Land verwandelt hat. Die Slowenen haben den höchsten Lebensstandard aller jugoslawischen Völker.

Geschichtlicher Überblick

Istrien und *Slowenien* haben vom Ende des Weströmischen Reiches (476) bis zur Ausrufung der „Föderativen Volksrepublik Jugoslawien" (1945; heute „Sozialistische Föderative Republik Jugoslawien") – also über anderthalb Jahrtausende hinweg – getrennte Geschichtsabläufe.

Gemeinsam ist ihnen verstreute Besiedlung schon in der Steinzeit, das Einrücken der Illyrer von Nordosten her (1200–1000 v. Chr.) und die allmähliche Besetzung durch Rom, die 229 v. Chr. einsetzt und erst nach zwei Jahrhunderten unter Augustus beendet ist. Die Römer legten Städte an – in *Pula* (s. S. 18/19) kann man noch heute sehen, wie blühend sie waren – und Militärstützpunkte in der Provinz Pannonien – ein gutes Beispiel ist *Ptuj* (s. S. 59), das als Poetovium Standort einer Legion war. In den Wirren, die dem Ende des Weströmischen Reiches mit dem Durchzug der Ostgoten und der Langobarden folgten, gingen die meisten dieser Städte – manche fast spurlos – unter.

Erbe des Raumes wird zunächst Byzanz. Aber im 6. Jahrhundert beginnt der Einmarsch slawischer Stämme aus dem Dnjepr-Gebiet. Slowenen und Kroaten gelangen am weitesten westlich: die *Slowenen* besetzen außer dem nach ihnen benannten Slowenien Kärnten, Steiermark und gelangen am Golf von Triest bis zur Adria, die *Kroaten* besetzen Kroatien, Slawonien, Dalmatien und Istrien. Nur die Kroaten bilden einen eigenen Staat, der jedoch nur kurze Lebensdauer hat. Die Slowenen kommen unter die Herrschaft der Stammesherzöge von Bayern, die, mächtig über die Alpen ausgreifend, Kärnten und Steiermark erobern und die Mark *Krain* schaffen – schließlich geht alles im Frankenreich Karls des Großen auf.

Nach der Auflösung dieses Reiches durch Teilungen sieht die Landkarte im frühen Mittelalter so aus: *Slowenien* kommt 976 als Krain zum Herzogtum Kärnten und teilt später die Schicksale des Habsburgerreiches bis 1918. *Istrien* wird eine selbständige Markgrafschaft, in der die Patriarchen von Aquileia, die Grafen von Görz und die Herren von Duino besonders einflußreich sind.

Im folgenden Geschichtsablauf spielen zwei auswärtige Mächte eine Rolle: die Venezianer und die Türken.

Um 1150 beginnt *Venedig* sich in Istrien festzusetzen: erst in den Küstenstädten, als deren letzte 1180 Pula besetzt wird, dann langsam ins Innere vorrückend. Ende des 13. Jahrhunderts ist der Großteil von Istrien venezianisch, nur sein Nordwestteil gehört zur Grafschaft Görz. Die bis 1797 dauernde Herrschaft Venedigs hat das Land geprägt – der Markuslöwe bestimmt Baustil, Lebensart und die wirtschaftliche Entwicklung; die italienische Oberschicht kann sich bis 1945 halten.

Slowenien, das im Schutz der Habsburger-Monarchie zu einem friedlichen, stillen Bauernland geworden war, beginnt vom 16. Jahrhundert an unter Türkeneinfällen zu leiden. Zweimal ziehen türkische Heere durch seinen Nordosten nach Wien: 1529 und 1683. Westlich von Marburg werden sie von der „Türkenmauer" aufgehalten, die bei Fala das Drautal sperrt (s. S. 59), in Mittelslowenien kann Celje alle Sturmangriffe abweisen (s. S. 60), in Nordistrien kommt der türkische Vormarsch vor Buzet (s. S. 28) zum Stehen.

1797 ändert *Napoleon* auch im Raum Istrien-Slowenien die Landkarte. Im Frieden von Campoformio wird Istrien zunächst österreichisch, aber 1805 besetzt der Kaiser Istrien und Krain und macht sie zu Teilen der „Illyrischen Provinzen" seines Reiches. 1815 bringt der *Wiener Kongreß* eine Neuordnung: nun wird der ganze Raum für ein Jahrhundert österreichisch (Pula wird Kriegshafen) und verbleibt im Verband der Donaumonarchie bis 1918.

Mit der Auflösung Österreich-Ungarns gehen Istrien und Slowenien wieder getrennte Wege: Istrien kommt mit den Inseln Cres und Lošinj zu Italien, Slowenien wird Teil des neugeschaffenen *Königreichs der Serben, Kroaten und Slowenen* (SHS, seit 1929 *Königreich Jugoslawien*).

Im Zweiten Weltkrieg wird Slowenien von deutschen und italienischen Truppen besetzt, gegen die die Jugoslawen einen erbitterten Partisanenkrieg führen. Am 29. November 1945 wird die *Föderative Volksrepublik Jugoslawien* ausgerufen. 1947 und 1954 erhält Jugoslawien von Italien die von Slowenen besiedelten Gebiete nördlich von Triest, Istrien und die Inseln Cres und Lošinj sowie Zadar.

Kunst und Kultur

Man muß mit der Einschränkung beginnen, daß Istrien und Slowenien nicht ihrer Kunstschätze, sondern ihrer klimatischen und landschaftlichen Vorzüge wegen aufgesucht werden, und daß sie nicht zu den eigenständig-schöpferischen Kulturregionen Europas zählen. Die Anregungen kamen stets von außen – nach Istrien von Rom, Byzanz und Venedig, nach Slowenien aus dem deutschsprachigen Raum.

Die *Römer* haben ihre ansehnlichsten Spuren in Istrien hinterlassen: Vor allem *Pula*, das alte „Pietas Julia", hat sich mit dem *Amphitheater*, dem *Augustustempel* und der *Porta Aurea* antike Denkmäler bewahrt, die zu den eindrucksvollsten, auf europäischem Boden erhalten gebliebenen zählen (s. S. 18/19). Aber auch in Slowenien gibt es römische Reste: Beispiele sind das *Orpheus-Denkmal* in *Ptuj* (s. S. 59) und die *Gräberstadt* bei *Šempeter* (s. S. 62).

Unter den *frühchristlich-byzantinischen* Kunstwerken ragen die Mosaiken in der Euphrasius-Basilika von *Poreč* (s. S. 29) hervor, die denen von Ravenna vergleichbar sind. Byzantinischen Einfluß weisen aber auch viele Kultgeräte auf, die sich in istrischen Landkirchen finden, und Fresken, wie sie besonders schön in *Beram* (s. S. 31) zu sehen sind.

Der fünfhundertjährige Einfluß *Venedigs* in Istrien ist unübersehbar – er äußert sich in zahllosen Stadt-(Prätoren-)Palästen, Patrizierhäusern und Loggien im Stil der venezianischen Gotik, in Glockentürmen, für die der Campanile auf dem Markusplatz Vorbild war, in Kirchen des venezianischen Barocks, in Tafelbildern venezianischer Maler, in Bastionen und Kastell-Toren, die noch heute das Herrschaftssymbol des Markuslöwen tragen. Hier bietet Istrien allerorten Beispiele von großem mediterranem Charme.

Für die *Neuzeit* sind architektonisch interessante Hotelbauten charakteristisch und Skulpturen-Freilichtmuseen wie der Park „Forma viva" bei *Portorož* (s. S. 25).

Ganz anders verlief die kulturelle Entwicklung in *Slowenien*, wo Gotik, Renaissance und Barock durch den österreichischen Filter Eingang fanden und von einheimischen Künstlern ebenso begierig wie geschickt aufgenommen und abgewandelt wurden. Das wesentliche Moment ist aber das unermüdliche Ringen der vor allem literarisch und musikalisch hochbegabten Slowenen um eine eigenständige Kultur. Es setzt im 10. Jahrhundert ein mit Gebetstexten, die die ältesten slowenischen Sprachdenkmäler sind – den in München verwahrten „Freisinger Denkmäler". Im 16. Jahrhundert legt dann der Vorkämpfer für die Reforma-

Totentanz-Fresko in Beram

tion Primož Trubar mit seinem Katechismus und Abcedarium die Grundlage für die slowenische Literatur, die eine Fülle von Volksdichtern hervorbringt – vom ersten, Valentin Vodnik (1758 bis 1819), bis zum bedeutendsten, France Prešeren (1800–1849).

Unter der österreichischen Herrschaft, die eine eigenständige Entwicklung ihrer vielen Völker gewiß nicht ermutigte, hatten es die Slowenen schwer, zu Bildung und eigenem Ausdruck zu kommen – erst seit 1919 besitzt das Land eine Universität in Laibach; und nicht weniger schwierig war es für sie, aus provinzieller Enge Anschluß an das europäische Niveau zu gewinnen.

Da hatten es die *Musiker* mit ihrer internationalen Sprache leichter: die Laibacher Philharmonie ist ein Orchester von Rang, und selbst Marburg hat eine eigene Oper. Lebendig geblieben ist die *Volkskunst*: Spitzenklöppelei, Töpferei, Strohflechterei, Kunstschmiedearbeiten, Holzwaren.

Speisen und Getränke

Im allgemeinen kann man sagen, daß die Küche, auf starkgewürzter jugoslawischer Basis, in Istrien italienischen und in Slowenien österreichischen Einschlag hat; das hängt nicht nur mit der Grenznähe zusammen, sondern damit, daß Slowenien fast ein Jahrtausend zu Österreich und Istrien ein halbes Jahrtausend zu Venedig gehörte – eingefleischte Eßgewohnheiten ändern sich nur sehr langsam.

Unter den *istrischen Spezialitäten* stehen natürlich Fische obenan, die auf die verschiedensten Arten zubereitet werden – schließlich macht der Fang der istrischen Fischer ein Drittel der jugoslawischen Fischerei aus. Häufig servierte Meerwasserfische sind: *orada* (Goldbrasse), *zubatac* (Zahnbrasse), *brancin* (Wolfsbarsch) und gegrillte oder in Öl gebratene Sardinen. Außer Muscheln, Austern (von den Bänken im Limski kanal) und Scampi (*škampi*) gibt es auf der Speisekarte das Fischragout (*riblji brudet*), für das jeder Koch sein eigenes Rezept hat, die Fischsuppe, eine istrische Bouillabaisse, und einen Meertiere-Risotto *(rižoto od liganja)*, in dem vor allem Tintenfische nicht fehlen dürfen. Ausgezeichnet sind der istrische Schinken *(pršut)* und der Schafskäse *(ovčji sir)*.

Istrien ist ein Weinland; überall sieht man Rebgärten. Am bekanntesten sind der starke Rotwein *Teran*, der *Refoško* und der malvasierartige Weißwein *Malvazija*. Neben dem (italienischen) *Espresso* gibt es überall *Türkischen Kaffee (turska kava)*, einen schwarzen, mit Zucker aufgekochten Kaffee, der mit dem Satz serviert wird.

Mit Rücksicht auf die Gäste gibt es überall Bier *(pivo)* und in allen istrisch-slowenischen Restaurants Schnitzel mit Pommes frites und eine der bei uns üblichen Suppen und Nachspeisen. Hervorragend ist das auf italienische Art gebackene Weißbrot.

Spezialitäten der slowenischen Küche sind:

Kranjske klobase (Krainer Würste): Geräucherte Würste aus Schweinefleisch und Speck, die gekocht oder gegrillt gegessen werden, besonders gern mit Kren (Meerrettich), aber auch in einem „Šara" genannten Eintopf mit Rollgerste.

Rižnate klobase (Reiswürste): Diese gut gewürzten Würste aus Schweinefleisch und gekochtem Reis werden warm, in Öl oder Fett gebraten, gegessen.

Kranjska pojedina (Krainer Schmaus), ein Rippenstück mit Sauerkraut.

Kraški pršut, luftgetrockneter und geräucherter Schinken vom Karst.

Hühnerpaprikasch, Geflügel in einer Soße aus Rahm, Mehl und Paprika, ein Gericht, das aus der Ungarn benachbarten Landschaft Prekmurje kommt.

Strudel, in dessen Teig Zibeben (Rosinen), Äpfel und Feigen gestreut sind.

Žlikrofi z bakelco (Schlickkrapferln, mit Hammelragout gefüllte Ravioli), ein Gericht, das aus der Gegend um Idrija kommt.

Bekannte slowenische Weine sind der weiße oder rote Traminer (traminec), der Rhein-Riesling (Rajnski rizling), der Welsch-Riesling (Laški rizling) und der weiße Pinot. Im Slowenischen Küstenland und in Istrien gedeihen die roten Sorten Merlot, Cabernet und Refošk sowie die weißen Rebula und Malvazija. Die bekanntesten Branntweinsorten (*rakija*) sind der Pflaumenschnaps Slibowitz (kroat. *šljivovica*, slow. *slivovka*) und der Traubenschnaps Lozovača, eine mildere Abart der italienischen Grappa.

Zu den Spezialitäten Istriens und Sloweniens kommen vier typisch jugoslawische Gerichte:

Ražnjići: an Spießchen auf dem Rost gebratene Schweinefleischstückchen mit kleingehackten Zwiebeln serviert.

Ćevapčići: auf dem Rost gebratene Röllchen aus gehacktem und stark gewürztem Fleisch verschiedener Sorten; auch hierzu gehören gehackte Zwiebeln.

Djuveč: mit Reis, Paprika, Tomaten und verschiedenen Gemüsen gedünstetes Schweine- oder Lammfleisch.

Sarma: in Kohl oder Weinblättern eingerolltes und gedünstetes Schweine- oder Rindfleisch, häufig mit einer Sauce aus sauerem Rahm.

Nur gelegentlich auf der Speisekarte erscheinende Leckerbissen sind: *odojak na ražnju* (Spanferkel am Spieß) und *janje na ražnju* (Lamm am Spieß).

Viele *Süßigkeiten* stammen noch aus der Zeit, in der weite Teile Jugoslawiens von den Türken besetzt waren; sie sind sehr süß.

Reisewege und Fahrpreise

REISEN NACH ISTRIEN UND SLOWENIEN

Mit dem Flugzeug

Der Raum Istrien-Slowenien hat vier Flughäfen: Ljubljana, die Hauptstadt der Republik Slowenien, Maribor, die zweitgrößte slowenische Industriestadt, Rijeka, der bedeutendste Hafen Jugoslawiens, und Pula, die größte Stadt Istriens. Ein Sportflugplatz befindet sich auch in Portorož.

Im Linienverkehr werden von West- und Mitteleuropa aus nur die beiden Flughäfen Ljubljana und Maribor angeflogen, Rijeka und Pula erreicht man nur auf dem Umweg über Zagreb.

Rijekas Flughafen liegt im flachen Nordteil der Insel Krk bei Omišalj; er ist durch eine 1980 fertiggestellte Brücke mit dem Festland verbunden. Hier landen die Charterflugzeuge mit Touristen, die zur Kvarnerriviera an der istrischen Ostküste oder auf die Inseln des Kvarnergolfs reisen, also nach Cres, Lošinj, Krk oder Rab. Gäste für die istrische Süd- und Westküste werden von Charterflugzeugen nach Pula gebracht.

Die Flugpreise im Linienverkehr betragen in der Touristenklasse (Economy class) für den einfachen Flug von Frankfurt nach Ljubljana 443 DM, für den 30-Tage-Sondertarif für Hin- und Rückflug 673 DM. Von Zürich nach Ljubljana zahlt man für den einfachen Flug 322 Franken, für den Sondertarif 492 Franken.

Mit der Eisenbahn

sind Istrien und Slowenien am besten über Ljubljana (Fahrzeit von München rund acht Stunden; 453 km) und über Rijeka (Fahrzeit von München rund elf Stunden; 608 km) zu erreichen. Nach Rijeka und Ljubljana verkehren auch Kurswagen (meist Liege- oder Schlafwagen). Bahnanschluß hat auch Pula, wohin eine in Pivka (unweit von Postojna) von der von Ljubljana nach Rijeka führenden Strecke abzweigende Bahnlinie geht. Nach Rijeka verkehren besonders in der Hochsaison zahlreiche Expreßzüge aus der BRD, Österreich und der Schweiz. Von Österreich aus fährt man über Graz nach Maribor. Von hier aus kann man über Celje nach Ljubljana oder über Zagreb nach Rijeka weiterfahren.

Die Fahrpreise betragen in der zweiten Klasse einfach und für Hin- und Rückreise:

	DM	DM
Berlin–Ljubljana	181,30	316,20
Berlin–Rijeka	190,90	335,40
Hamburg–Ljubljana	203,90	341,80
Hamburg–Rijeka	213,50	361,—
Köln–Ljubljana	173,90	293,80
Köln–Rijeka	183,50	313,—
Frankfurt–Ljubljana	139,90	239,80
Frankfurt–Rijeka	149,50	259,—
München–Ljubljana	67,90	135,80
München–Rijeka	77,50	155,—
	öS	öS
Wien–Ljubljana	380,—	760,—
Wien–Rijeka	448,—	896,—
	sfr	sfr
Zürich–Ljubljana	92,40	176,80
Zürich–Rijeka	101,60	195,20

Mit dem Autobus

Von der Bundesrepublik (München), von Österreich (Klagenfurt, Velden, Villach, Wien) und von Italien (Venedig, Triest) verkehren regelmäßig Busse zu den Badeorten der nördlichen Adria.

Mit dem Auto

Von der Bundesrepublik

Von München aus gibt es drei Möglichkeiten, mit dem Personenwagen nach Jugoslawien zu gelangen.

Brenner – Dolomiten: München, Autobahn Salzburg, Inntalautobahn, Brenner, in Italien bis Fortezza (Franzensfeste), dann im Pustertal bis Dobbiaco (Toblach). Durch die Sextener Dolomiten oder über den Misurinasee nach Tolmezzo, Udine und hier auf der Autobahn nach Triest. Von hier kann man nach Rijeka fahren, wobei man Istrien abschneidet.

Felber-Tauern-Tunnel: Nach Kufstein auf der Inntalautobahn, dann über Kitzbühel und Mittersill, durch den Felber-Tauern-Tunnel nach Lienz. Entweder über den Plöckenpaß nach Tolmezzo (siehe oben) oder über Spittal und Villach zum Wurzenpaß (für Wohnwagen und Bootsanhänger gesperrt, Umweg über Tarvisio und Ratece), dann über Ljubljana und Postojna nach Rijeka.

Großglocknerstraße: Von Mittersill aus bis Bruck an der Glocknerstraße, auf der Südseite der Hohen Tauern bis Lienz oder Spittal.

Über *Salzburg* gibt es zwei Möglichkeiten, nach Rijeka zu kommen.

Tauerntunnel: Von Salzburg nach Böckstein, hier Eisenbahnverladung, auf der Kärntner Seite von Mallnitz über Obervellach nach Spittal.

Tauern-Autobahn: Von Salzburg über Werfen und Eben im Pongau zum Tauern-Autobahn-Tunnel, dann durch den Katschbergtunnel nach Kärnten (Liesertal); die Autobahn endet in Spittal.

Von Wien

kann man die jugoslawische Grenze entweder über Klagenfurt oder über Graz erreichen. In beiden Fällen fährt man über den Semmering. Von Klagenfurt geht es über den Loiblpaß nach Ljubljana und über Postojna nach Rijeka. Von Graz aus fährt man über den Übergang Spielfeld/Šentilj nach Maribor, dann entweder auf der neuen Autobahn-Teilstrecke nach Celje und über Ljubljana oder auf der neuen „Zagorska magistrala" über Ptuj und Krapina nach Zagreb.

Von der Schweiz

fährt man entweder durch den St.-Bernhard-Tunnel, den St.-Gotthard-Tunnel oder den San-Bernadino-Tunnel nach Mailand, von hier aus über Venedig nach Triest.

In der Hauptreisezeit empfehlen sich Umwege über weniger befahrene Pässe und Grenzübergänge wie Fusine/Rateče, Lavamünd/Dravograd.

Autoreisezüge verkehren während der Sommersaison von Hamburg nach Koper, von Düsseldorf/Köln, Frankfurt (Neu Isenburg) und Stuttgart (Kornwestheim) nach Ljubljana und von München nach Rijeka.

REISEN IN ISTRIEN UND SLOWENIEN

Mit der Eisenbahn

In Slowenien gibt es außer den unter „Reisen nach Istrien und Slowenien" aufgeführten Bahnlinien noch zahlreiche Nebenstrecken. Zur Adriaküste führen in den in diesem Reiseführer beschriebenen Gebieten nur die Linien nach Koper und Pula sowie die Hauptstrecke nach Rijeka.

Mit dem Autobus

Das Linien-Busnetz in Jugoslawien ist sehr gut ausgebaut. Die Preise sind niedrig. An allen Ferienorten ist das Angebot an Ausflugsfahrten mit dem Bus groß.

Mit dem Auto

In Slowenien gibt es ein weitverzweigtes, gut gehaltenes Straßennetz. In Istrien ist die Küstenstraße gut ausgebaut.

Autofähren gibt es zu den meisten größeren und bewohnten Inseln. Sie sind bei den einzelnen Orten oder Inseln aufgeführt.

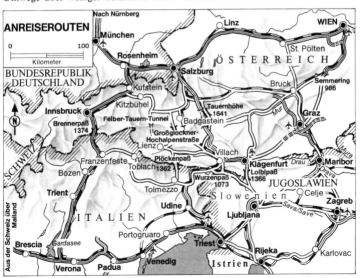

Praktische Hinweise

Auskunft

Informationen jeder Art erteilen in der Bundesrepublik das Jugoslawische Fremdenverkehrsamt Frankfurt/Main, Goetheplatz 7, Tel. 28 56 85, München Sonnenstr. 14, Tel. 59 55 45, Düsseldorf, Hüttenstr. 6, Tel. 37 06 75, in Österreich die Jugoslawische Fremdenverkehrswerbung, Wien, Mahlerstr. 3, Tel. 52 54 81, in der Schweiz die Jugoslawische Fremdenverkehrswerbung, Zürich, Limmatquai 70, Tel. 252 12 70. In Jugoslawien wende man sich an die bei den einzelnen Orten aufgeführten Verkehrs- und Reisebüros (unter „*Inf.*" angegeben). Sie heißen meist „Turistički biro" (slowenisch „Turistični biro"), „Turistbiro" (Touristenbüro) oder „Turistički Informativni centar" („TIC", Touristisches Informationszentrum).

Autofahrer

benötigen die nationale Zulassung, das Nationalitätskennzeichen (D, A, CH), das Warndreieck sowie wenigstens eine Ersatzglühbirne je Scheinwerfer der gleichen Art. Die grüne Internationale Versicherungskarte muß mitgeführt werden.

Geschwindigkeitsbeschränkungen: Auf Autobahnen für Personenwagen mit Anhänger 80, ohne Anhänger 120 Stundenkilometer. Auf den Nationalstraßen 1 bis 99 (Straßen 1. Ordnung) mit Anhänger 80, ohne Anhänger 100 Stundenkilometer. Auf allen anderen Straßen 80, in Ortschaften 60 Stundenkilometer.

Die *Promillegrenze* beträgt 0,5 Promille. Es besteht Anschnallpflicht mit Sicherheitsgurten.

Ausländische Touristen können in ihrer Heimat, an den Grenzübergängen usw. Benzingutscheine zu ermäßigtem Preis erwerben. Damit kostet der Liter Superbenzin (98 Oktan) 1,31 Mark, der Liter Normalbenzin (86 Oktan) 1,25 Mark und der Liter Dieseltreibstoff 1,08 Mark.

Ein *Straßenhilfsdienst* wird auf den Hauptstrecken und vor allem auch auf der Adriaküstenstraße vom jugoslawischen Automobilklub AMSJ (Automoto savez Jugoslavije) unterhalten. Die Wagen sind gelb und tragen die Beschriftung „Pomoć-Informacije". Der Hilfsdienst steht Mitgliedern von Automobilklubs, die den internationalen Organisationen AIT und FIA angeschlossen sind, kostenlos zur Verfügung; nur Ersatzteile sowie Benzin und Öl müssen bezahlt werden.

Hilfeleistungen und Informationen für Autofahrer sind in ganz Jugoslawien unter der Telefonnummer 987 von 8 bis 20 Uhr zu erreichen, die Polizei unter der Nummer 92, der Notarzt 94. Bei Unfällen muß auch bei Blechschäden ein polizeiliches Protokoll aufgenommen werden. Bei Personenschaden soll man sofort die eigene Versicherungsgesellschaft informieren. Mit einem beschädigten Fahrzeug kann man die Grenze nur überschreiten, wenn man eine polizeiliche Bestätigung (*potvrda*) über den Unfall und die entstandenen Sachschäden vorweisen kann.

Bedienungs- und Trinkgelder

In den jugoslawischen Hotels und Restaurants in das Bedienungsgeld schon im Rechnungsbetrag enthalten. Für besonders aufmerksame Bedienung gibt man fünf bis zehn Prozent Trinkgeld.

Boote

Für Segelboote bis fünf Meter Länge und Boote mit Außenbordmotor bis fünf PS braucht man keine Fahrerlaubnis. Man muß sich jedoch bei der zuständigen Hafenbehörde melden und seine Kenntnisse der Verkehrsregeln auf dem Meer nachweisen.

Bei der Einreise in die jugoslawischen Küstengewässer muß sich der Bootsführer bei der Hafenbehörde (*Lučka kapetanija*) der für den internationalen Verkehr geöffneten Häfen (in dem hier beschriebenen Gebiet Koper, Umag, Piran, Izola, Novigrad, Raša, Poreč, Rovinj, Rijeka, Opatija, Mali Lošinj und Senj) anmelden. Bei der Einreise auf dem Landweg muß das Boot beim nächstgelegenen Hafen registriert werden. Winterhäfen für Jachten gibt es in Izola, Portorož, Červar-Porat (Poreč), Veruda (Pula), Opatija und Punat (Insel Krk), Cres (Insel Cres) und Mali Lošinj (Insel Lošinj).

Campingplätze

sind vor allem an der Küste zahlreich. Man findet sie unter dem Zeichen ⛺ bei den einzelnen Orten aufgeführt. Die Gebühr für die Benutzung eines Campingplatzes mit eigenem Zelt beträgt etwa 1 bis 7 DM pro Person und pro Zelt pro Auto pro Nacht.

Devisen

Bei der Ein- und Ausreise darf man ausländische Zahlungsmittel (Bargeld). Schecks, Reiseschecks, Euroschecks usw.) in beliebiger Höhe mitführen, jugoslawisches Geld aber nur einmal im Jahr bis zum Höchstbetrag von 1500 Dinar (in 100-Dinar-Noten oder kleiner), bei jeder weiteren Ein- oder Ausreise jeweils weitere 200 Dinar.

Geld darf nur in den amtlichen Wechselstuben eingetauscht werden (Banken, Reisebüros, Touristenbüros, Postämter, größere Hotels). Wechselstube heißt serbokroatisch mjenjačnica, slowenisch menjalnica. Bei Postämtern kann man auch Geld von deutschen und österreichischen Postsparbüchern in Dinar abheben.

Feiertage

Neujahrstag und 2. Januar, 1. und 2. Mai, der Tag der nationalen Erhebung am 4. Juli, die Staatsfeiertage des 29. und 30. November, in der Republik Slowenien der 26. Juli und der 1. November, in der Republik Kroatien der 27. Juli. Die Grenzzollämter werden von den Feiertagen nicht beührt.

Geld

Währungseinheit ist der Dinar, der in 100 Para eingeteilt wird. Es gibt Banknoten im Wert von 1000, 500, 100, 50, 20 und 10 Dinar und Münzen zu 10, 5, 2 und 1 Dinar, 50, 20, 10 und 5 Para. Die Bevölkerung rechnet vielfach noch mit dem seit 1966 abgeschafften ,,alten" Dinar, also mit ,,100 alten Dinar", statt einem ,,neuen".

Eine Deutsche Mark hat den Wert von rund 28 Dinar, ein österreichischer Schilling von rund 4 Dinar, ein Schweizer Franken von rund 34 Dinar. Geldwechsel siehe Devisen.

Hunde

können nur mit einem tierärztlichen Tollwut-Impfzeugnis (minestens 15 Tage, nicht mehr als sechs Monate alt) eingeführt werden.

Jugendherbergen

Im hier beschriebenen Raum gibt es Jugendherbergen in Bled, Pula, Premantura und in Punat auf der Insel Krk.

Kleidung

Jugoslawien kennt keine Bekleidungsvorschriften. Insbesondere ausländischen Gästen wird in den Fremdenverkehrsorten jede Art legerer Kleidung nachgesehen. Zum Abend sollte man sich, zumindest in den Städten und größeren Hotels, im Sommerkleid und im leichten Anzug präsentieren. Während im Sommer an der Küste auch die Nächte warm sind, empfiehlt sich bei Ausflügen auf Inseln oder ins Hinterland die Mitnahme von Pullover oder Strickjacke. Da das mittelmeerische Klima keine sommerliche Regenperioden kennt, genügt die Mitnahme eines leichten Regenmantels zum Schutz bei Gewittern.

Konsulate

Botschaft der BRD: 11 000 Belgrad, Ulica Kneza Miloša 74/76, Tel. 64 57 55. Generalkonsulat der BRD: 41 000 Zagreb, Preobraženska 4, Tel. 44 08 04. Botschaft der DDR: 11 000 Belgrad, Birčaninova 10a, Tel. 64 27 40.

Generalkonsulat der DDR: 41 000 Zagreb, Nazorova 70, Tel. 3 34 04.

Österreichische Botschaft: 11 000 Belgrad, Kneza Sime Markovića 2, Tel. 63 59 55.

Österreichische Generalkonsulate: 41 000 Zagreb, Jabukovac 39, Tel. 3 43 23; 61 000 Ljubljana, Šprekljeva 5, Tel. 2 13 62.

Schweizerische Botschaft: 11 000 Belgrad, Birčaninova 27, Tel. 64 68 99.

Schweizerisches Konsulat: 41 000 Zagreb, Bogovičeva 3, Tel. 44 43 22.

Krankenversicherung

Zwischen der Bundesrepublik Deutschland, Österreich und Jugoslawien besteht ein Abkommen über soziale Sicherheit, nach dem Versicherte der sozialen Krankenkassen unentgeltliche Behandlung erhalten. Über Leistungen und Formalitäten informieren die Krankenkassen. Privatversicherte, Nichtversicherte und Touristen aus Ländern, mit keine entsprechende Konvention mit Jugoslawien abgeschlossen haben, müssen die (übrigens maßvollen) Arzt- und Krankenhauskosten selbst bezahlen, weshalb sich der Abschluß einer befristeten Auslandskrankenversicherung empfiehlt.

Leihwagen

jugoslawische Organisationen (Inex, Putnik, Unis) oder der internationalen Gesellschaften Avis (Avtotehna) und Hertz (Kompas) können in allen Fremdenverkehrsorten gemietet werden.

Netzspannung

Meist 220 Volt (Wechselstrom).

Öffnungszeiten

Geschäfte sind im allgemeinen von 7 bis 11 oder 12 und von 17 bis 19 oder 20 Uhr geöffnet. Behörden haben meist von 7 bis 14 Uhr Parteienverkehr, Banken von 7 bis 11 Uhr und von 14 bis 18 Uhr, samstags von 8 bis 12 Uhr. In Fremdenverkehrszentren und größeren Orten sind Reisebüros, Kaufhäuser und Selbstbedienungsläden durchgehend von 7 bis 20 Uhr geöffnet.

Paß und Visum

Bürger der Bundesrepublik Deutschland, Österreichs und der Schweiz benötigen für einen Aufenthalt bis zu drei Monaten lediglich einen gültigen Reisepaß, kein Visum. Bei einem Aufenthalt bis zu 30 Tagen genügt für Bürger der Bundesrepublik Deutschland und Österreichs der Personalausweis; man muß dann allerdings an der Grenze eine „Touristenkarte" für etwa 2,50 DM erwerben und sich dafür eigens an einem Schalter anstellen. Kinder bis zu 16 Jahren benötigen einen Kinderausweis mit Paßfoto.

Post und Telefon

Eine Postkarte ins Ausland kostet zur Zeit 6,10 Dinar, ein Brief 8,80 Dinar Porto. Telefongespräche ins Ausland erfordern erfahrungsgemäß lange Wartezeiten, man kann jedoch von größeren Orten aus durchwählen. Die Vorwählnummer für die Bundesrepublik Deutschland ist 9949, für Österreich 9943, für die Schweiz 9941. Die Vorwählnummer für Jugoslawien ist 0038.

Reiseandenken

Die Erzeugnisse des Handwerks und der Heimarbeit sind oft sehr originell; Lederarbeiten, Gold- und Silberfiligran, Holzschnitzereien, Keramik, Spitzen, Stickereien, Metallarbeiten vor allem aus Kupfer, Webereien wie buntgemusterte Stoffe und nach alten Vorbildern hergestellte Teppiche.

Sportfischerei

Unterwasserjagd mit Tauchgeräten ist nicht gestattet. Fischen mit der Harpune ist gebührenpflichtig.

Für das *Fischen* in Seen und Flüssen erhält man Fischereischeine bei Fischereivereinen und Gemeinden.

Zum *Angeln im Meer* ist keine Genehmigung notwendig.

Tauchen und Tauchgeräte

Tauchen mit Tauchgeräten und Unterwasserphotographie sind nicht gestattet in Häfen, in Wasserstraßen, im 300-Meter-Umkreis von Kriegsschiffen und vor militärischen Objekten an der Küste (das Tauchverbot in diesen Zonen schließt auch das Atemtauchen ein). Taucherausrüstungen müssen an der Grenze deklariert werden. Die erforderliche Taucherlaubnis erhält man beim örtlichen Touristenbüro.

Toiletten

(serbokroatisch *toaleta, zahod*, slowenisch auch *stranišče*) tragen für Männer die Aufschrift „muški" (slow. „moški"), für Frauen „ženske".

Unterkunft

Die *Hotels* werden entsprechend dem gebotenen Komfort in die Klassen L (Luxus), A, B, C und D eingeteilt. Wir bezeichnen erstklassige Hotels mit dem Zeichen ⚜⚜, gute mit ⚜, einfache mit ◊. Häufig findet man Großhotels, die außer Unterkunft und Verpflegung auch viele Möglichkeiten für Sport und Unterhaltung bieten; in jüngster Zeit werden Bungalow-Hotels erbaut, bei denen die Schlafräume von Restaurant, Bar usw. getrennt sind. Die Neubauten sind heizbar und meist mit einem Schwimmbecken ausgestattet.

Während der Vor- und Nachsaison werden Preisnachlässe von 25 bis 35 Prozent gewährt. Je nach Klasse, Ort und Monat schwanken die Preise so, daß keine verbindlichen Angaben darüber gemacht werden können. Es empfiehlt sich daher, bei den jugoslawischen Fremdenverkehrsämtern (s. Auskunft) die Hotel-Preisliste anzufordern.

Sehr groß ist das Angebot an *Privatzimmern*, die in vier Kategorien eingestuft sind; die Vermittlung erfolgt über die örtlichen Touristenbüros, bei denen man auch bezahlt.

In den Fremdenverkehrsorten wird eine *Kurtaxe* erhoben, die in der Hauptsaison 0,25 bis 1,10 DM je Tag und Erwachsenen beträgt.

Verpflegung

In allen Fremdenverkehrsorten gibt es Restaurants, die internationale Speisen servieren. Sie gehören meist dem örtlichen Hotelunternehmen. Überall findet man private Gaststätten (*gostiona* oder *gostionica*, in Slowenien *gostilnica*), die gute einheimische und internationale Küche bieten. Kalte Gerichte und vor allem Getränke erhält man in Büfets, die die Aufschrift „bufet" oder „bife" tragen.

Zoll

Das Zollverfahren bei Ein- und Ausreise ist für ausländische Feriengäste auf ein Minimum beschränkt. Antiquitäten, Kunstgegenstände, Gold und Silber dürfen nur mit behördlicher Genehmigung ausgeführt werden.

Ferien in Istrien und Slowenien

Istrien hat sich zu einem der besuchtesten Feriengebiete Europas entwickelt – dank seiner leichten Erreichbarkeit, seines warmen Klimas und der zahllosen Badeplätze an den buchtenreichen Küsten und auf den Inseln Cres und Lošinj. Als zu Anfang unseres Jahrhunderts die ersten Grand Hotels entstanden, beschränkten sie sich auf *Abazzia* (heute Opatija), *Lussin* (heute Lošinj) und *Portorose* (heute Portorož). Inzwischen sind die West- und Ostküste Istriens mit Dutzenden Badeorten bestückt, die sich mancherorts, wie in *Opatija* oder *Umag*, kilometerweit ausdehnen und Hotels jeder Kategorie, Bungalows und Appartements, touristische Siedlungen und Campingplätze in kaum noch überschaubarer Fülle bieten; dazu jede Möglichkeit für Sport und Unterhaltung.

Istrien hat aus dem Fremdenverkehr eine blühende Industrie gemacht und dabei auch keinen Sonderwunsch vergessen: es gibt zahlreiche Nacktbadeplätze, Füllstationen für Treibstoff, Kochgas und Atemluft für Taucher; Individualisten kommen ebenso auf ihre Rechnung wie Freunde organisierter Unterhaltung. Überall warten Busse darauf, Ausflügler ins Landesinnere, zur *Adelsberger Grotte*, an die Ablegehäfen zur *Insel Rab* oder zu den *Plitwitzer Seen* zu bringen, in allen größeren Badeorten gibt es Kegelbahnen und Tanzlokale, Bars und Fischrestaurants, Läden für Selbstversorger und Souvenirkäufer.

Die Küste ist meist Felsküste, und zwischen den Felsen findet man in den Buchten kleine Strände aus Kies. Hotelprospekte versprechen oft Sandstrände, aber der Sand ist entweder eine etwas großzügig betrachtete Kieselsorte oder er wurde künstlich aufgeschüttet. Allerdings steht man im Wasser eines flachen Strandes tatsächlich oft auf Sandboden, und in einem Winkel einer Bucht oder an einer Mole schwemmt die Strömung gar nicht selten echten Sand an.

Die jugoslawische Küste ist der Landstrich mit den meisten Nacktbadeplätzen der Welt. Es gibt überall an der Küste und auf den Inseln Fkk-Campingplätze, Fkk-Kolonien und Fkk-Hotels. Man findet aber auch stille Buchten, die fürs Nacktbaden freigegeben sind, und die man vor allem mit dem Boot erreichen kann.

Auch *Slowenien* hat einen Küstenstreifen anzubieten – südlich von Triest reicht er im Nordwesten Istriens von Ankaran bis Piran/Portorož und gleicht denen von Kroatisch-Istrien, in die er übergeht. Ansonsten aber haben Ferien in Slowenien einen ganz anderen Charakter. Das Land bietet in fast allen Teilen Wanderungen durch landschaftlich reizvolle Gegenden – ins Hochgebirge der *Julischen Alpen* um den Triglav und in die *Steiner Alpen*, die den *Karawanken* südlich vorgelagert sind; durch die Bergwälder des *Pohorje*, das sich von Maribor bis Dravograd erstreckt; durch den *Karst* im Südwesten im Umkreis des Snežnik, des Krainer Schneebergs, oder der Grotten von *Postojna* (Adelsberg) und *Škocjan* (St. Kanzian); vom Sočatal in Westslowenien aus.

Zwei Seen versprechen angenehme Badeaufenthalte wie in Kärnten: der See von Bled und der See von Bohinj. Obgleich das Land stark industrialisiert ist, hat es sich in weiten Gebieten bäuerlichen Frieden bewahrt mit anheimelnden Dörfern, weißen Kirchen, die von Hügeln grüßen, und noch lebendiger Volkskunst. Angler kommen im bachreichen West- und Nordslowenien auf ihre Rechnung, Pferdefreunde im Gestüt Lipica, Blumenfreunde im Alpengarten „Juliana" beim Bergsteigerdorf Na Logu im Soča-Tal. Schließlich gibt es interessante Städte wie *Ljubljana* (Laibach), *Maribor* (Marburg), *Ptuj* (Pettau) und *Celje* (Cilli) sowie die moderne Bergwerkstadt *Velenje*.

Da der Fremdenverkehr in Slowenien willkommen zu Buch schlägt und für Istrien eine Existenzfrage ist, bemüht man sich mit Erfolg, der einträglichen Sommersaison eine *Wintersaison* anzuschließen. Istrien tut das mit geheizten Hotels und beheizten Schwimmbecken, wenn nicht mit Hallenbädern – das milde Klima tut das seinige zu einem angenehmen Winteraufenthalt.

Slowenien hingegen will Wintersportland werden. Bereits entwickelte Orte (mit Seilbahn, Schleppliften und gemütlichen Berghotels) sind *Kranjska gora* (nahe der Weltrekord-Skiflugschanze *Planica*), das *Vogel-* und das *Pokljuka-Plateau* sowie *Zatrnik* bei Bled, *Zelenica* am Loiblpaß, *Kamniška Bistrica* nördlich von Ljubljana und das *Pohorje* im Nordosten Sloweniens bei Maribor.

Ljubljana

Ljubljana (Laibach, 300000 Einw.) ist die Hauptstadt der Sozialistischen Republik Slowenien und in jeder Beziehung, selbst geographisch, ihr Mittelpunkt. Der gemütliche Provinzialismus täuscht: obgleich das zweitkleinste Bundesland Jugoslawiens, ist Slowenien wirtschaftlich schwergewichtig.

Ljubljana, in dem rund ein Zehntel aller Slowenen wohnt, hat seine historische Altstadt am rechten Ufer der *Ljubljanica* und eine moderne Neustadt am linken Ufer des Flüßchens. Seine neuzeitliche Anlage verdankt es dem heftigen Erdbeben von 1895, das der Stadt den Wiederaufbau unter Gesichtspunkten des Zwanzigsten Jahrhunderts ermöglichte.

GESCHICHTE

Die Stadt, am Kreuzungspunkt der Heerstraße von Oberitalien zur mittleren und unteren Donau und der Bernsteinstraße von der Ostsee zum Mittelmeer gelegen, ist ein uralter illyrisch-keltischer Handelsplatz, der im 1. Jahrhundert v.Chr. von den Römern besetzt wurde: *Aemona* entwickelte sich zu einer blühenden Kolonialstadt, bis sie in der Völkerwanderung unterging. Im 6. Jahrhundert rückten Slawen vom Stamm der Slowenen ein und besiedelten den von Fluß und Moor geschützten Burgberg neu, unter dem Ortsnamen *Lubigana*. Der deutsche Name Laibach tauchte im 12. Jahrhundert auf, als Lubigana unter der Herrschaft der Herzöge von Kärnten stand; nach ihrem Aussterben wurde es Hauptstadt des *Herzogtums Krain*. Von 1809 bis 1813 war es Hauptstadt des von Napoleon geschaffenen *Königreichs Illyrien*. Wieder österreichisch, wurde Laibach 1848 zur Führungsstadt der nationalen (slawischen) Wiedergeburt, die 1918 nach dem Zusammenbruch Österreich-Ungarns zur Gründung des Staates der Serben, Kroaten und Slowenen führte. Der wirtschaftliche Aufschwung der Stadt wurde vor allem durch die 1857 gebaute Bahnlinie Wien–Triest gefördert; nach 1918 setzte eine Industrialisierung ein, die sich durch immer neue Werke stetig verstärkt.

SEHENSWÜRDIGKEITEN

Mittelpunkt der Stadt ist der nach dem Dichter Prešeren benannte Platz **Prešernov trg** [1] am linken Ufer der *Ljubljanica*, über die das **Tromostovje** [2] führt – drei Brücken, die sich auf einem Brückenkopf vereinigen. Die mittlere zielt auf das 1717/18 im Barockstil erbaute **Rathaus** [3] mit fünfeckigem Uhrturm, vor dem ein Brunnen von Francesco

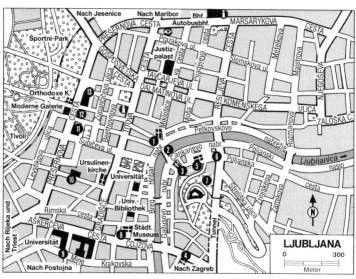

Robba (1751) steht, der die drei größten Flüsse Krains – Save (Sava), Gurk (Krka) und Ljubljanica – symbolisiert. Rechts vom Rathaus führt der Hauptstraßenzug der Altstadt – *Mestni trg, Stari trg* und *Gornji trg* – am Fuß des Burgbergs entlang zu den beiden Barockkirchen *St. Florian* und *St. Jakob* und zum

Rokokopalais Gruber [4] (1775). Diesem österreichischen Ingenieur verdankt Laibach die Trockenlegung des die Stadt umgebenden Moors durch den Gruber-Kanal.

Unweit links des Rathauses steht die

Domkirche St. Nikolaus [5] 1707 im Barockstil erbaut. Sie enthält beachtenswerte Fresken von Giulio Quaglio und Statuen Robbas. Gegenüber der Domfassade liegt der *Erzbischöfliche Palast*, mit seinem Arkadenhof das schönste Barockpalais Laibachs. Wenig weiter öffnet sich der

Vodnikov trg [6], auf dem Markt gehalten wird; von seiner Südseite führt die *Študentovska* ulica hinauf zu der die Stadt in sicherer Höhe überragenden

Burg [7]. Vom Uhrturm aus hat man einen weiten Blick über die Stadt, das von der Save durchflossene Land und auf die Gipfelkette der Steiner Alpen, der Karawanken und der Julischen Alpen. Durch den Burgberg führt ein Straßentunnel.

Die zweite Gruppe von Sehenswürdigkeiten liegt südlich des *Prešernov trg* am linken Flußufer. Hier stehen beisammen die Gebäude der *Universität*, die *Ursulinenkirche* mit ihrer mächtigen barocken Fassade, das *Theater*, das *Städtische Museum*, vor allem aber die

Kreuzherrenkirche (*Križanke*) **[8]** aus dem 13. Jahrhundert (1714 barock renoviert) mit dem *Kreuzherrenhof* und den Arkaden, die Schauplatz der sommerlichen Festspiele sind.

Nördlich der Ausgrabungen der römischen *Stadtmauer* (*Obzidje Emone*) [9] liegt das moderne Kultur- und Kongreßzentrum *Cankarjev dom* (*Cankar-Haus*) [10].

Die dritte Gruppe von Sehenswürdigkeiten liegt westlich vom *Prešernov trg*. Man geht durch die *Čopova cesta*, kreuzt die *Titova cesta*, die Hauptverkehrsader Ljubljanas, und geht geradeaus die *Cankarjeva ulica* entlang bis zur Oper (1892). Am *Trg Herojev* (*Heldenplatz*) [11] stehen das *Parlament* und das

An der Ljubljanica

Nationalmuseum, eines der interessantesten seiner Art in Jugoslawien. Besonders beachtenswert ist die prähistorische Sammlung mit Funden aus der Stein- und Bronzezeit, die im Laibacher Moor gemacht wurden, und die ethnographische Sammlung mit reichen Beständen slowenischer Volkskunst, wie sie in den Dörfern Sloweniens in Trachten, Brauchtum und Gerät weiterlebt. Dazu gehören die Bienenkorbbrettchen mit ihren ausdrucksvollen naiven Malereien.

Weiter im Norden, an der *Prešernova cesta*, befinden sich die *Moderna Galerija* (*Moderne Galerie*) [12] mit wechselnden Ausstellungen von Werken zeitgenössischer Künstler und die *Narodna Galerija* (*Nationalgalerie*) [13] mit Werken slowenischer Kunst vom 13. bis zum 19. Jahrhundert. Hier ist auch der Eingang zum Park *Tivoli*.

PRAKTISCHE HINWEISE

Inf.: Turistični informacijski biro, Titova 11, 61 000 Ljubljana.

✈ Belgrad, Zagreb, Frankfurt.

🚂 Triest und Rijeka; Zagreb, Jesenice, Maribor. Nebenbahnen nach Kamnik, Kočevje, Karlovac.

🚌 Zagreb, Belgrad, Pula, Rijeka u. a.

🏨 L „Holiday-Inn".

🏨 „Lev". – 🏨 „Ilirija"; „Kompas"; „Slon"; „Tourist"; „Union".

⛺ Motel „Medno" (Medvode); Motel „Turist" (Grosuplje); „Bellevue".

⛺ „Ježica"; „Dragočajna".

Pula

Pula (ital. Pola; 70 000 Einw.) ist die größte Stadt Istriens; sie liegt an der Südspitze der Halbinsel in einer tief eingeschnittenen Bucht, die sich nach Westen öffnet und von den Inseln *Katerina*, *Andrija* und *Uljanik* geschützt wird. Die lebhafte Hafen- und Industriestadt (Werft auf Uljanik) ist sehenswert wegen ihrer gut erhaltenen römischen Baudenkmäler.

GESCHICHTE

Die alte illyrische Siedlung, deren Bewohner regen Handel mit Griechenland trieben, wurde Ende des 2. Jahr-

Die Arena von Pula

hunderts v.Chr. von den Römern erobert und ,,Pietas Julia" genannt; ihre Blütezeit begann jedoch erst unter Kaiser Augustus. Pula wurde ein wichtiger Adriahafen und ein beliebtes Ferienziel römischer Patrizierfamilien; gelegentlich diente es sogar als kaiserliche Residenz.

Nach dem Zusammenbruch des Imperiums kam Pula wie das ganze übrige Istrien unter gotische, byzantinische und fränkische Herrschaft. 1331 mußte sich die Stadt endgültig den Venezianern unterwerfen, die sie jahrhundertelang gegen pisanische und genuesische Angriffe verteidigen konnten. 1379 aber kam es zu einer für die Venezianer unglücklichen Seeschlacht unmittelbar vor dem Hafen, den die Genuesen dann zerstörten. Pola kam zwar wieder in venezianische Hand und blieb es bis 1797, konnte sich aber von diesem Schlag nicht erholen; um die Mitte des 17. Jahrhunderts sollen dort nur mehr 300 Menschen gelebt haben.

Eine zweite Blütezeit brach erst an, als sich Österreich nach seinem See- sieg über die italienische Flotte bei Lissa (1866) entschloß, Pola zu seinem größten Kriegshafen auszubauen – 1914 hatte es 60 000 Einwohner, davon 20 000 Matrosen und Seesoldaten. 1919 wurde Pola italienisch, 1947 als Pula jugoslawisch.

SEHENSWÜRDIGKEITEN

In Hafennähe erhebt sich, von der Wasserseite her unverbaut, die

Arena, [1], das riesige Amphitheater, das unter Kaiser Augustus erbaut und unter Kaiser Vespasian (69–79) erweitert wurde; es gehört zu den sechs größten und besterhaltenen, die auf uns kamen. Es mißt 133 mal 105 Meter und ist 33 Meter hoch. Die 68 Meter lange und 42 Meter breite Arena konnte etwa 23 000 Zuschauer fassen (Kolosseum in Rom: 50 000). Um die Geländeneigung auszugleichen, wurde das Amphitheater zum Wasser hin in drei, an der Landseite in zwei Stockwerken aufgeführt. Der oberste Umgang hat rechteckige Öffnungen: darunter liegen Arkaden mit 72 Bögen.

Das Innere, Schauplatz von Gladiatoren- und Raubtierkämpfen, ist weit weniger gut erhalten als die Umfassungsmauer: die Venezianer schleppten die Sitzblöcke weg, um sie zum Palast-

bau in ihrer steinlosen Lagunenstadt zu verwenden. Inzwischen ist die Arena aber wieder soweit instandgesetzt, daß in ihr sommerliche Opern- und Konzertaufführungen, Folklore-Veranstaltungen und ein alljährliches Filmfestival stattfinden. In den Kellerräumen der Arena sieht man eine Ausstellung über Istrien zur Römerzeit.

Man geht nun die Hafenpromenade *Obala Maršala Tita* entlang zum

Dom [2], der an der Stelle eines Jupitertempels und einer frühchristlichen Basilika (Mosaikreste im Fußboden) im 15. Jahrhundert erbaut und um 1640 neu gestaltet wurde. Im dreischiffigen Inneren sind antike Säulen verwendet, als Hauptaltar dient ein römischer Sarkophag. Der schöne massive Glockenturm wurde erst im 17./18. Jahrhundert erbaut.

Augustustempel

Vom Dom kommt man zum *Trg Republike*, dem ehemaligen römischen *Forum;* an seiner Nordseite steht das im 13. Jahrhundert zum Teil in einen römischen Tempel hineingebaute *Rathaus*. Westlich davon der klassischschöne

Augustustempel [3], der entstand, als Christus ein Knabe war. Der kleine Bau (18:8 m) besteht aus einer von sechs korinthischen Säulen getragenen Vorhalle und der Cella. Im Tempel ist eine Ausstellung von antiken Bronzeskulpturen.

Südöstlich um den *Kastellhügel* herum kommt man zur prächtig erhaltenen

Porta Aurea (Goldenes Tor) [4], einem Ehrenbogen, der um 30 v.Chr. für die verdienstvolle Familie der Sergier errichtet wurde; er ist mit korinthischen Halbsäulen elegant geschmückt. Man kommt nun zum heutigen Hauptplatz von Pula, dem

Trg bratstva jedinstva [5], mit antiken Mauerresten an der Westseite.

Auf dem Rückweg zum Hafen liegen das

Herkulestor [6], das als Teil der römischen Stadtmauer erbaut wurde, das

Archäologische Museum [7] mit einer hervorragenden Sammlung vorgeschichtlicher, römischer und frühmittelalterlicher Funde und die

Porta Gemina [8], ein zierliches Portal mit zwei Bögen (um 150 v. Chr.). Das

Kastell [9], wurde von den Venezianern 1630 an der Stelle des römischen Kapitols erbaut; vom Turm bietet sich ein schöner Blick auf Stadt, Hafen und die Bucht mit ihren Inseln. Das Kastell enthält ein historisches Museum.

Das *Badeleben* Pulas spielt sich an den umliegenden Buchten der Küste ab (s. S. 35). Große Feriensiedlungen entstanden auf der Halbinsel *Verudela:* ,,Zlatne Stijene" (,,Goldene Felsen"), ,,Ribarska Koliba" (,,Fischerhütte") und ,,Verudela". Besonders schön ist die 10 Kilometer südöstlich von Pula gelegene große Bucht mit flachen, dichtbewaldeten Ufern; am Ostufer liegt *Medulin*, das der Bucht den Namen gab, am Westufer *Premantura*, Istriens südlichste Siedlung. Hier läuft die große Halbinsel in einem Kap aus, vor dem sich nur noch auf einer letzten Klippe ein Leuchtturm erhebt. Die Medulin-Bucht öffnet sich nach Südosten in Richtung auf die Inseln um Lošinj.

PRAKTISCHE HINWEISE

Inf.: Turistbiro, 52000 Pula, Trg bratstva jedinstva 4.
✈ Zagreb, Belgrad.
⛴ Ljubljana, Triest.
🚆 Rijeka, Zagreb, Ljubljana, Triest.
⛵ Venedig, Mali Lošinj; Autofähre Mali Lošinj.
🏨 ,,Brioni". – 🏨 ,,Park"; ,,Pula" (Zlatne Stijene); ,,Ribarska koliba"; ,,Splendid"; ,,Verudela"; ,,Zlatne stijene".
🏠 ,,Riviera" (garni); ,,Stoja".
△ Ljetovalište FSH, Valsaline 4; Premantura.
△ ,,Stoja"; ,,Ribarska koliba"; ,,Medulin" (auch Fkk); ,,Kažela" (Fkk); ,,Pomer"; ,,Premantura"; ,,Stupice"; ,,Tašalera".

Rijeka

Rijeka (184000 Einw.) ist der größte Hafen Jugoslawiens, nach Zagreb die zweitgrößte Stadt Kroatiens und der Verkehrsknotenpunkt für die ganze Osthälfte der Adria. Hier laufen alle Wege von Nordwesten, Norden und Nordosten zusammen, hier enden die Fernstraße und die Bahnlinie von Zagreb her, auf denen Jugoslawiens Exportgüter herangebracht werden, hier ist (auf der nahen Insel Krk) der Flugplatz für die Ostküste Istriens und die kroatische Küste, hier beginnt die 821 Kilometer lange Adriaküstenstraße (Jadranska magistrala), die an die ganzen jugoslawischen Küste entlangführt bis zum montenegrinischen Ulcinj vor der Grenze mit Albanien. Hier sind die Werften und Docks für Schiffsbau und Schiffspflege und die Ölraffinerien. Von hier gehen die wichtigsten Schiffslinien aus, zu den Inseln und Küstenstädten Kroatiens und Dalmatiens, nach Triest, Venedig und Bari, zu allen großen Häfen des Mittelmeers und nach Übersee.

GESCHICHTE

Zum Schutz der hier vorbeiziehenden Landverbindung von Rom nach Saloniki gründeten die Römer den Militärstützpunkt Tarsatica. Auf den Mauern dieses Kastells errichteten die eingewanderten Slawen im 8. Jahrhundert die Festung Trsat, die im Mittelalter eine Burg der Frankopanen wurde – dieses mächtige kroatische Adelsgeschlecht beherrschte die Küste von Vinodol aus bis hinunter nach Senj.

Von 1468 bis 1779 gehörte Rijeka zu Österreich; sein deutscher Name war damals St. Veit am Pflaum. Obgleich 1719 ebenfalls zum Freihafen erklärt, blieb seine Entwicklung weit hinter der von Triest zurück. Nach dem napoleonischen Zwischenspiel der „illyrischen Provinzen" (1809–1814) kam Rijeka im Verband der k. u. k. Monarchie zu Ungarn und wurde dessen Seehafen. 1918 kam es zum neugeschaffenen Königreich der Serben, Kroaten und Slowenen (SHS), gegen den Widerstand Italiens, das ebenfalls Anspruch auf den Hafen erhob. 1919 nahm der italienische Dichter und Fliegerheld Gabriele d'Annunzio an der Spitze eines Freikorps Rijeka im Handstreich. Jugoslawien blieb in seiner Ohnmacht nichts übrig, als die östlich des Grenzflusses Rječina gelegene Vorstadt Sušak zu seinem Seehafen auszubauen, während Rijeka, bar jeden Hinterlandes, unter dem italienischen Namen Fiume verkümmerte.

Seit 1945 haben Fiume und Sušak, zu Rijeka wiedervereinigt, einen unwahrscheinlichen Aufschwung genommen und sich zu einem der größten Seehäfen des Mittelmeers entwickelt.

SEHENSWÜRDIGKEITEN

An der Hafenmitte öffnet sich der

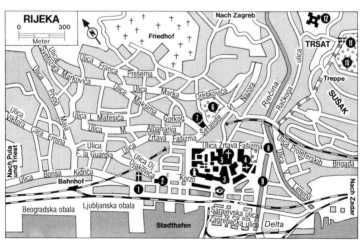

Trg Žabica [1] mit dem Busbahnhof für den Überlandverkehr, hinter dem der

Trg Togliatti [2] liegt; von ihm aus führt der *Korzo*, die Hauptgeschäftsstraße der Stadt (Fußgängerzone), nach Osten zum *Trg Republike* und dann am Südrand der Altstadt entlang. Links steht der

Stadtturm [3], der im 15. Jahrhundert erbaut und im 18. Jahrhundert neu gestaltet wurde; er stand früher ganz am Meer und bildete den einzigen Zugang zur Stadt. Hat man sein Tor durchschritten, so kommt man zum *Alten Rathaus* aus dem 16. Jahrhundert und zur ältesten Kirche Rijekas,

Mariae Himmelfahrt (*Uznesenje Marije*) [4]. Der Bau wurde im 12. Jahrhundert begonnen, im 14. Jahrhundert kam der Campanile dazu, im 18. Jahrhundert wurde die Kirche barockisiert.

Am Nordrand der Altstadt steht, an die venezianische ,,Santa Maria della Salute" erinnernd, der

Dom St. Veit (*Sveti Vid*) [5], der von 1638 bis 1742 an der Stelle einer romanischen Kirche erbaut wurde.

Jenseits der *Ulica Žrtava Fašisma* (Straße der Opfer des Faschismus) die am Nordrand der Altstadt entlangführt, geht es zum

Vladimir-Nazor-Park [6] hinauf; in ihm liegen das *Staatsarchiv*, das *Naturwissenschaftliche Museum* und das

Historische und Marinemuseum (*Pomorski i povijesni muzej hrvatskoga primorja*) [7]. 1896 als Residenz für die ungarischen Statthalter erbaut, birgt es heute beachtenswerte archäologische, ethnologische und kulturhistorische Sammlungen — besonders interessant sind die Erinnerungen an die alte Schiffahrt Rijekas.

Daneben ist in einem modernen Bau das 1977 eröffnete *Museum der Volksrevolution* (*Muzej narodne revolucije*) untergebracht, in dem Erinnerungsstücke aus dem Zweiten Weltkrieg gezeigt werden. Hier ist auch der Schraubstock zu sehen, an dem der junge Schlosser Josip Broz, der spätere Marschall Tito, in der Schiffswerft von den nahen Kraljevica gearbeitet hat.

Östlich der Altstadt liegt der weite

Titoplatz (*Titov trg*) [8] an der Stelle der ehemaligen Grenzbrücke — hier verlief von 1919 bis 1945 die italienisch-jugoslawische Grenze. Die frühere Mündung des Flusses heißt jetzt

Toter Kanal (*Mrtvi kanal*) [9]. Hier steht das monumentale *Befreiungsdenkmal* mit einer über Meter hohen Bronzegruppe auf 19 Meter hohem Steinsockel.

Vom *Titoplatz* führt eine Straße und ein 1531 angelegter Treppenweg hinauf zur Burghöhe, die heute der

Stadtpark von Sušak [10] ist. Auf der höchsten Stelle des Parks steht die

Wallfahrtskirche Sveta Marija [11], die um 1450 von den Grafen Frankopan errichtet wurde. Sie verdankt ihren Bau einer merkwürdigen Legende: Engel flogen an dieser Stelle 1291 das ,,Haus der Maria von Nazareth" ein, holten es 1294 aber wieder ab und schafften es über die Adria nach Loreto in Mittelitalien, wo die ,,Casa Santa" heute noch steht.

Neben der Wallfahrtskirche ist das *Franziskanerkloster* (*Samostan franjevaca*) mit der *Votivkapelle* (*Kapela savjetnih darova*), in der volkskundlich sehr interessante Weihegeschenke zu sehen sind.

Schließlich gelangt man zur

Festung Trsat [12]. Als römisches Kastell angelegt, war sie unter den Frankopanen ein starkes Bollwerk. 1750 durch ein Erdbeben zum Einsturz gebracht, wurde sie von einem irischen Grafen malerisch wieder aufgebaut. Von hier aus hat man eine sehr schöne Aussicht auf den Kvarnergolf, auf Istrien und die Schlucht der Rječina.

PRAKTISCHE HINWEISE

Inf.: Turistički informativni centar, 51 000 Rijeka, Trg Republike 9.

✈ Zagreb, Belgrad (Flughafen auf der Insel Krk).

🚌 München, Wien, Triest, Ljubljana, Zagreb.

🚆 München, Triest, Venedig, Graz, Wien, Ljubljana, Zagreb, Split; zu den Inseln und Küstenorten. Zentralhaltestelle: Trg Žabica.

🚢 Rab, Zadar, Dubrovnik; Autofähren Porozina (Cres) und Eillinie nach Dubrovnik und Bar.

🏨 ,,Bonavia"; ,,Jadran"; Motel ,,Lucija" (Kostrena); Motel ,,Panorama" (Matulji); ,,Park".

🏠 ,,Kontinental"; ,,Neboder".

△ ,,Ivan Goran Kovačić", Podmurice 96.

△ Preluk (6 km westlich); Kostrena (3 km südlich).

Route 1: Triest – Koper – Piran – Portorož (40 km)

Wer das Slowenische Küstenland und Weststrien kennenlernen möchte, kann auf der westslowenischen Straße durch das Tal der Soča (Isonzo) bis Kozina fahren, um dann nach Koper zu gelangen. Diese Möglichkeit ist als Route 8 auf den Seiten 55 bis 57 beschrieben. Die zweite Möglichkeit ist die Fahrt über Triest, das von Mitteleuropa aus auf den durch Oberitalien führenden Anfahrtsrouten zu erreichen ist.

Einfallstor nach Istrien ist die italienische Stadt

Triest (it. *Trieste*, slow. *Trst*), der nördlichste Hafen der Adria mit 300 000 Einwohnern). Die uralte Stadt war von 1382 bis 1918 österreichisch, seither ist sie – mit einem kurzen Zwischenspiel als Freie Stadt (1945–1954) – italienisch.

Zu den Sehenswürdigkeiten gehören die großzügig angelegte *Piazza Unità*, die sich zum Hafen hin öffnet, und der Festungshügel mit der *Basilika San Giusto* und dem *Kastell*.

Sieben Kilometer nordwestlich liegt auf einem Felsen über dem Meer das Schloß *Miramare*, das der österreichische Erzherzog Maximilian von 1854 bis 1856 bauen ließ. Sieben Jahre später wurde Maximilian als Kaiser von Mexiko erschossen.

Triest ist im Polyglott-Reiseführer ,,Oberitalien/Ost" ausführlich beschrieben.

12 km von Triest überschreitet man die italienisch–jugoslawische Grenze und kommt nach weiteren 4 km zu der Straßengabelung bei *Škofije*: links geht es über Kozina und Postojna nach *Ljubljana* (s. unsere Route 8, S. 55), geradeaus nach *Koper* (10 km), rechts (6 km) nach

Ankaran (1500 Einw.). Dieser nördlichste Badeort der istrischen Westküste liegt an der Nordwestspitze der *Bucht von Koper* an einer Stelle, wo die Hügel ganz allmählich zum Meer absteigen; es hat einen flach abfallenden Kiesstrand von fast 1 km Ausdehnung und üppige subtropische Vegetation. In einem Wäldchen mit Strandkiefern und Zypressen ist eine weitläufige Hotelsiedlung entstanden: ,,Adria" (600 Betten); zum Haupthaus inmitten der Villen und Bungalows wurde ein ehemaliges Kloster bei der Kirche *Sveti Nikola* umgebaut.

Inf.: Hotel ,,Adria", 66 280 Ankaran.
🚂 Koper, Triest. – 🛏 ,,Adria". – ⛺.

Koper (20 000 Einw.) ist die bedeutendste Stadt an der istrischen Westküste und der einzige Handelshafen Sloweniens. Es liegt auf einer 1825 durch zwei Dämme landfest gemachten Insel und ist sehr alt: Die Griechen, die die Siedlung gründeten, nannten sie *Aegida*, die Römer, die sie eroberten, *Caprea*, die Byzantiner, die sie danach beherrschten, *Justianopolis*, die Venezianer, die sie zur Hauptstadt von Venezianisch-Istrien machten, zuerst lateinisch *Caput Histriae*, dann italienisch *Capodistria;* 1945 gaben ihr die Slowenen den alten slawischen Namen ,,Koper" (nach dem römischen ,,Caprea") zurück. Die seit dem 8. Jahrhundert von Slowenen bewohnte Hafen- und Salinenstadt, die von Seefahrt und Salzhandel lebte, gehörte von 1279 bis 1797 zur Republik Venedig, von 1797 bis 1918 zu Österreich, von 1918 bis 1945 zu Italien; seitdem ist sie jugoslawisch. Da ihr Hafen für den zunehmenden Tiefgang der Dampfschiffe zu seicht war, wurde Koper immer mehr von Triest überflügelt; seine verarmten Bewohner wandten sich dem Wein- und Gartenbau im Hinterland zu. Erst in den letzten Jahrzehnten nahm Koper durch den Bau eines neuen Hafens, die Ansiedlung von Industrien und den Fremdenverkehr einen neuen Aufschwung.

Vom *Alten Hafen*, wo die Omnibusse ankommen und die Reisebüros liegen, zieht die *Kidričeva* nach Osten zum *Hauptplatz (Titov trg)* der Altstadt, die zwar durch Neubauten und zwei Hochhäuser in ihrem Kern entstellt ist, sich aber um die Erhaltung der wesentlichen historischen Bauten bemüht. Gleich am Anfang der *Kidričeva* liegt die **Fischhalle** und dahinter in einer engen Gasse das *Alte Theater*, ein kleiner Bau in venezianisch-gotischem Stil. An der Südseite des Hauptplatzes liegt der *Prätorenpalast (Pretorska palača)*, heute Gerichtsgebäude. Als der gotische Bau im 13. Jahrhundert entstand, waren zwei Gebäude durch eine Loggia verbunden: das Haus des Podestà, des Bürgermeisters, und das Haus des Capitano, des venezianischen Statthalters. In der Renaissance wurde die Loggia an die Nordseite des Platzes verlegt und die beiden Gebäude zu dem heutigen Palast vereinigt, der damals auch seine Zinnen erhielt; ihre beiden äußersten Paare sind zu winzigen Glockenstühlen ausgebildet. Die ohnehin reich gegliederte Fassade ist übersät mit Wappen und Inschriften, Büsten und den Markuslöwen als Hoheitszeichen Venedigs, so daß für das Standbild der Gerechtigkeit nur noch zwischen den Zinnen Platz blieb. Auch die *Loggia*, 1462/63 von Nicola da Pirano und Tommaso da Venezia in venezianischer Gotik erbaut, ist mit Wappen und einer Muttergottesstatue geschmückt; heute dient der einstige Versammlungsraum der Patrizier als Café.

An der Ostseite des Platzes erhebt sich der *Dom Mariae Himmelfahrt (Marija vnebozeta)* der im 13. Jahrhundert im Stil der Gotik begonnen und im 16. Jahrhundert im Stil der Renaissance fortgeführt wurde; im 18. Jahrhundert wurde die Kirche erweitert und barockisiert. Sie enthält fünf Gemälde des venezianischen Malers Carpaccio und den Sarkophag des hl. Nazarius, des Schutzpatrons von Koper. Der *Campanile* (13.–15. Jh.) an der Südwestecke des Doms diente ursprünglich der Stadtverteidigung; seine Spitze erhielt er 1660.

Unter den vielen Bauten der Altstadt – Kirchen und Patrizierhäusern – aus gotischer Zeit, der Renaissance

Prätorenpalast in Koper

und dem Barock hebt sich der *Palast Belgramoni-Tacco* (16. Jh.) am Museumsplatz *(Muzejski trg)* dadurch heraus, daß er als *Stadtmuseum* beherbergt mit vielen Erinnerungsstücken an Kopers 2500jährige Vergangenheit. Die belebteste Straße der Altstadt ist die *Schustergasse (Čevljarska ulica)*.

Zum Baden fahren die „Kopernikaner" nach Koper-Žusterna und Ankaran.

Kunstfreunde sollten den 15-km-Ausflug nach dem Dorf *Hrastovlje* im Rižana-Tal machen (nach 10 km auf der großen Straße Koper-Ljubljana rechts ab). Seine gotische, von einer Wehrmauer umschlossene *Dreifaltigkeitskirche* birgt wertvolle spätgotische Fresken (um 1490) des istrischen Meisters Ivan aus Kastav, darunter den Fresken-Zyklus „Das Werk der ersten Menschen".

Inf.: Turistični biro, 66000 Koper.

🚆 Ljubljana.

🚌 Triest, Venedig, Pula, Ljubljana, Graz, Klagenfurt, Zagreb.

⛺ „Žusterna".

🏨 „Galeb"; „Triglav"; Motel „Rubin" (Dekani).

7 km westlich von Koper liegt an der Südwestspitze der Bucht inmitten eines erst langsam, dann immer steiler ansteigenden, fruchtbaren Landstrichs **Izola** (11000 Einw.) mit Fischereihafen, Gärtnereien, Obstplantagen und Konservenfabriken, die Fisch, Obst und Gemüse verarbeiten; ein izolanisches Produkt ist auch der Rotwein „Refošk". Wie Koper, so wurde auch Izola auf einer Insel erbaut und erst später mit dem Festland verbunden; die erste Siedlung wurde zur Zeit der Völkerwanderung von Flüchtlingen angelegt, die aus Aquileia, der antiken Großstadt 40 km nordwestlich von Triest, kamen.

Die schönsten Bauten des heutigen Städtchens stammen aus der Zeit der

Izola

venezianischen Herrschaft (1280 bis 1797): der *Palast Manzioli* in venezianischer Gotik (15. Jh.), der *Palast Lovisato* mit schönen Renaissance-Fenstern (16. Jh.), der *Palast Besenghi degli Ughi* mit reizenden Rokoko-Stukkaturen und reichen Fenster- und Balkongittern (18. Jh.). Vom Turm der St. Maurus geweihten *Pfarrkirche* (16. Jh.), die interessante Gemälde und einen reichen Kirchenschatz besitzt, hat man eine weite Aussicht über den Golf von Triest bis zur Isonzo-Mündung und Grado.

Unweit westlich von *Izola* gelangt man durch einen Strandkiefernwald zum leicht erhöht liegenden Hotel „Belvedere", unter dem sich der gleichnamige Campingplatz hinzieht; ein zweiter (1 km östlich von Izola) heißt „Jadranka". Jenseits des „Belvedere" und eines Hügels, über den man die großen Klippen der Küste umgeht, liegt an einer kleinen Bucht das Dorf *Strunjan*, das als Sehenswürdigkeit die Villa von Giuseppe Tartini zeigt – der im nahen Piran geborene hervorragende Geiger lebte von 1692 bis 1770.

Inf.: Turistično društvo, Kidričevo nabrežje 4; „Slavnik", Cankarjev dvored 2, 66 310 Izola.

🚆 Triest, Ljubljana, Maribor, Koper, Pula.

⛴ Triest.

🏨 „Belvedere"; „Haliaetum"; „Marina". – ⌂ „Riviera".

⚠ „Belvedere"; „Jadranka".

9 km westlich von Izola liegt *Piran* – schon von weitem sieht man das gewaltige Schiff der Georgskirche und den Glockenturm auf dem höchsten Punkt der Stadt aufragen, einer nach Norden steil abfallenden Felsklippe.

Piran (5100 Einw.) hat sich sein mittelalterlich-venezianisches Aussehen besonders gut bewahrt. Seine Häuser drängen sich auf einer spitz in die Adria vorgeschobenen Halbinsel, dem Kap *Punta*, zusammen; nach dem Landseite hin war es durch eine hohe, mit Türmen und Zinnen bestückte Wehrmauer geschützt, von der sich ansehnliche Reste erhalten haben (großartige Aussicht, besonders abends).

Wie Izola, so ist auch Piran eine Gründung von Flüchtlingen, die 452 Aquileia nach seiner Zerstörung durch Attila verließen. Von 1283 bis 1797 stand es unter venezianischer Oberhoheit. Piran lebte von der Fischerei, vom Salz seiner Salinen und von einem weitgespannten Seehandel – seine Seeleute waren ebenso tüchtig wie seine Schiffsbauer.

Nahe dem *Alten Hafen* liegt der *Tartiniplatz* (*Tartinijev trg*) mit dem Standbild des berühmten Geigers (s. oben) und seinem Geburtshaus. Am auffälligsten ist aber der kleine rote *Palazzo* in venezianischer Gotik (15.Jh.) mit dem reizenden Eckbalkon; im Wappen stehen in venezianischem Dialekt die unbekümmerten Worte „Lassa pur dir" (Laß die Leute nur reden). Geht man nun ostwärts durch die *Bolniška ulica*, so kommt man zum *Minoritenkloster*, dessen ältester Teil aus dem Jahr 1301 stammt, und zur *Franziskuskirche*, die eine geschnitzte Kanzel (15. Jh.), einen Renaissance-Baldachin und eine „Magdalena" des venezianischen Malers Palma Giovane birgt. Gegenüber liegt die *Marienkirche* (15. Jh.), die im Barock umgestaltet wurde.

Nun geht man links durch die enge *Istarska ulica* zur Kirche *Maria Trost* (*Marija Tolažnica*) 18. Jh.). Durch die *Ulica IX korpusa* und die *Adamičeva ulica* geht es hinauf zur *Georgskirche* (*crkva svetog Jurja*), dem beherrschenden Bau der Stadt. Die Kirche von 1344 wurde 1637 erneuert; damals erhielt sie die Kassettendecke und die Orgel. Der Glockenturm (1608) ist eine verkleinerte Ausgabe des Campanile auf dem Markusplatz in Venedig. Im achteckigen Baptisterium (1650) dient als Taufbecken ein römischer Sarkophag mit einem Relief, das Cupido zeigt, wie er auf einem Delphin reitet.

Reizvoller noch als diese Einzelheiten ist der Umgang um St. Georg mit seinen herrlichen Ausblicken; an klaren Tagen sieht man Venedig, in der Nacht die Lichter von Triest.

Man versäume nicht einen Streifzug durch die Stadt mit ihren gotischen und barocken Häusern in engen Gassen, ihren Brunnen und Zisternen und ihren Toren wie dem *Delphin-Tor* und dem *Marciana-Tor (Vrata Marčana).* Im Gewirr der Gäßchen sich

Piran

abwärts haltend, stößt man immer irgendwo auf den Kai. Die Kais ziehen sich bis zur Spitze der Landzunge hin; auf dieser ,,Punta" erheben sich eine Kirche und ein Leuchtturm.

Im *Aquarium* am Alten Hafen bekommt man einen guten Überblick über die Meeresfauna der Adria. Das *Seefahrtsmuseum (Pomorski muzej)* zeigt Sammlungen über Seefahrt und Fischerei.

Inf.: Turistbiro, 66330 Piran, Tartinijev trg.

🚍 Koper, Portorož, Ljubljana, Pula, Triest.

🏨 ,,Piran"; ,,Punta".

⚓ ,,Sidro"; ,,Jezero" (Fiesa).

⛺ Strunjan, Fiesa.

Auf der Weiterfahrt kommt man an der neuen Hotelsiedlung *Bernardin* vorüber, die um einen alten Kirchturm herum entstanden ist und einen eigenen Jachthafen hat. Drei Kilometer östlich von Piran liegt nahe dem Ende einer vier Kilometer tief eingeschnittenen Bucht

Portorož (7500 Einw.), ein international bekanntes ,,klimatisches Meer- und Heilbad"; von Rosen in Gärten und Parkanlagen überquellend, macht es seinem Namen ,,Rosenhafen" alle Ehre. Der Villenort steigt in Terrassen einen sanften Hang (oben liegt das Aussichts-Gasthaus ,,Beli križ") empor, der mit Olivenhainen, Weinbergen und Zypressen bestanden ist und Portorož vor kalten Winden schützt – so erlaubt sein Klima (Januar-Durchschnittstemperatur + 6 °C) auch einen angenehmen Winteraufenthalt, wobei an die Stelle des Meerbades Hallenbäder treten. In Portorož werden auch Salzschlammbäder gegen Rheuma, Blut- und Frauenkrankheiten sowie Heilbäder in Salzlauge verabreicht (Thermalbäder im Palace-Hotel).

Bis zum Bau des *Palace-Hotels* im Jahre 1912 war Portorož eine schlichte Sommerfrische der Triestiner. Seitdem ist es ständig gewachsen und hat sich die 1 km weiter gelegene Hotelsiedlung *Lucija* angeschlossen, im innersten Winkel der Bucht; da ihr Hafen von der Adria her nicht einsehbar ist, hat er schon mancher Flotte als rettender Schlupfwinkel gedient, so der venezianischen unter dem Dogen Enrico Dandolo im Jahr 1202. Heute sind hier ein Jachthafen (Marina) und ein Sportflugplatz.

Unweit von *Lucija* liegt auf der kleinen Halbinsel *Seča* das Skulpturen-Freilichtmuseum ,,*Forma viva*"; es verdankt seine Entstehung dem Mäzenatentum der Kurverwaltung, die seit Jahren Bildhauer aus aller Welt zu einem zweimonatigen kostenlosen Aufenthalt einlädt; die Künstler revanchieren sich mit Arbeiten, die in der Parkanlage aufgestellt werden.

Inf.: Turistbiro, 66320 Portorož.

🚍 Koper, Pula, Umag, Ljubljana, Triest.

🏨 (Luxus) ,,Metropol".

🏨 ,,Emona" (Bernardin); ,,Grand Hotel Palace"; ,,Roža"; ,,Slovenija".

🏨 ,,Apollo"; ,,Barbara"; ,,Bernardin" (Bernardin); ,,Lucija"; ,,Marita"; ,,Mirna"; ,,Neptun"; ,,Palace" (altes Haus); ,,Riviera"; ,,Suisse"; ,,Vesna". – ⚓ ,,Istra"; ,,Park"; ,,Valeta"; ,,Virginia". ⛺ Lucija.

In Portorož endet die ,,slowenische Riviera", deren touristische Höhepunkte Piran und Portorož sind. Der Fluß *Dragonja* bildet die Grenze zwischen Slowenien und Kroatien, zu dem der größere südliche Teil Istriens gehört.

Route 2: Portorož – Buje – Poreč (–Pazin – Učka) –Vrsar (68 km)

Von *Portorož* kommt man über *Sečovlje* und die *Dragonja-Brücke* zu einer Straßengabelung. Geradeaus geht es über Buje (s. unten) nach Pula, rechts (11 km) nach dem Badeort

Savudrija (500 Einw.). Es ist der am weitesten westlich gelegene Ort Istriens und damit der ganzen Balkanhalbinsel. Auf der äußersten Klippe erhebt sich ein 36 m hoher *Leuchtturm*, einer der höchsten an den Küsten der Adria. Eine originelle Sehenswürdigkeit ist die Art, wie die Fischer ihre Barken versorgen. Eine Bodenschwelle am Ufer hindert sie daran, die Boote auf den Strand zu ziehen; so legen sie schwankende Stege aus großen Korkplatten an, in die Pfähle eingelassen sind; an diesen hissen sie die Boote hoch wie die großen Passagierschiffe ihre Rettungsboote an den Davits. 4 km südlich von Savudrija lag ein römischer Hafen und die frühmittelalterliche Siedlung *Sipar*, die von Piraten zerstört wurde; die Reste beider liegen heute unter Wasser, da sich Istrien, wie Venedig jenseits der Adria, ganz allmählich Zentimeter um Zentimeter senkt.

Inf.: Turistički biro, 52395 Savudrija.

🚆 Koper, Umag, Pula.

🏨 „Istra"; „Lanterna"; „Moj mir".

⛺ „Borosija"; „Kanegra"; „Pineta".

Von *Savudrija* zur Gabelung zurückgekehrt, fährt man auf der Straße nach Pula südsüdöstlich zu dem weithin sichtbaren (13 km von Portorož)

Buje (3500 Einw.). Die sehr alte, in vorgeschichtliche Zeiten zurückreichende Stadt liegt inmitten von Getreidefeldern, Weingärten und Obsthainen auf einem einzeln stehenden Hügel im fruchtbarsten Teil Istriens. Der Hügelkuppe angepaßt, ist Buje kreisförmig erbaut; Teile seiner Stadtmauern und ein Turm sind erhalten. In der Mitte des Landstädtchens liegt der *Hauptplatz*, von dem die engen Gassen ausgehen. An ihm steht die *Pfarrkirche Sv. Servolo*, im 16. Jahrhundert aus Resten eines römischen Tempels erbaut und im 18. Jahrhundert im Stil des Barock erneuert. Ihr *Glokkenturm* ist nach dem Vorbild des Campanile von Aquileia geformt – Buje wurde lange vom Patriarchen von Aquileia beherrscht, bis es 1418 venezianisch wurde. An diese Zeit erinnert ein *Palazzo* in venezianischer Gotik mit bemalter Fassade und die im 16. Jahrhundert erbaute *Loggia*. Außerhalb der Stadtmauer steht die *Marienkirche* (Ende 15. Jh.) mit einer hölzernen Muttergottes, einer schmiedeeisernen Renaissance-Tür und alten liturgischen Geräten in der Sakristei.

🏨 „Zora".

Südöstlich von Buje liegt etwas abseits der Straße nach Pula ein Städtchen, das einen Besuch lohnt:

Grožnjan. Es liegt auf einem Hügel, dessen Weingärten nach Süden zum Tal der *Mirna* (s. S. 27) absteigen. Wie Buje, so unterstand auch der Ort Grožnjan dem Patriarchen von Aquileia, bis einer seiner Vasallen auf den Einfall kam, sein Lehen kurzerhand an Venedig zu verkaufen. Das geschah 1358: Die Venezianer gaben das so illegal erworbene Stadtgebiet nicht nur nicht mehr an den klagenden Patriarchen heraus, sondern machten Grožnjan zum Hauptort des nördlichen Militärbezirks von Venezianisch-Istrien, wozu sie die alten Stadtmauern erneuerten und verstärkten. Man sieht noch erhaltene Teile der Befestigung, wenn man bei der *Kosmas- und Damian-Kapelle* das Städtchen durch das *Haupttor* (15./16. Jh.) betritt. Gleich hinter dem Torbau liegt rechts die *Loggia*, die 1587 als öffentlicher Gerichtssaal erbaut wurde; die Stockwerke darüber dienten als Getreidespeicher (Fondaco). In der Stadtmitte erhebt sich auf dem *Hauptplatz* neben einem *Glockenturm* (17. Jh.) die große Barockkirche *St. Vitus und Modestus* (um 1770).

Die Einwohnerschaft von Grožnjan war nach dem Zweiten Weltkrieg von 1500 auf vier Familien zusammengeschmolzen, da die weit überwiegend italienische Bevölkerung der Stadt beim Anschluß Istriens an Jugoslawien verließ. Kurz vor der Auszehrung aber wurde Grožnjan von Künstlern gerettet, die das Städtchen entdeckten und zu ihrem Sommersitz machten. Im *Palazzo Biriani* (1597) an der Hauptstraße besitzt Grožnjan eine Kunstgalerie, in der die ansässigen Maler und Bildhauer ausstellen, dazu kommen einige private Galerien. Seit 1969 ist der Ort auch ein internationales Zentrum der Musikalischen Jugend, die hier Sommerkurse abhält.

Man kann nun entweder auf der Asphaltstraße nach Buje zurückkehren oder – 5 km unbefestigt – zur Hauptstraße Buje-Pula abfahren (in diesem Fall beträgt der Umweg nur 1 km). 1 km weiter in Richtung Pula zweigt vor der Brücke über die Mirna links eine Straße ab, die zu einem

Abstecher ins Landesinnere einlädt, in das Hügelland mit weißen, auf den Kuppen eng zusammengedrängten Bergstädtchen, in denen sich viel Mittelalterliches bewahrt hat.

Man fährt auf der Straße nach *Buzet* im Tal der *Mirna* aufwärts. Nach 3 km liegt links das Städtchen

Završje. Die erhaltenen Teile der Ummauerung reichen über die venezianische bis in römische Zeit zurück. Auf dem *Hauptplatz* in der Stadtmitte erhebt sich ein „Kastell" genannter *Palazzo* (im 17. Jahrhundert umgebaut), die spätgotische Kirche *Maria Rosenkranz* (1634 umgebaut) und der romanische *Glockenturm*. Außerhalb der Mauern steht die *St.-Johannes-Kirche* (1792) und im Friedhof die *Kapelle St. Primus und Felizian*.

Auf der Straße nach Buzet gelangt man (6 km nachdem man von der Straße Triest–Pula abfuhr) durch den *Motovuner Wald* zu einer Straßenkreuzung, die rechts nach *Motovun* (4,5 km), links nach *Oprtalj* (4,5 km) führt.

Motovun (700 Einw.), als weiße Stadt weithin sichtbar auf einem Bergrücken von 280 m Höhe jenseits des tief eingeschnittenen Flusses *Mirna* gelegen, ist besonders romantisch. Die in Altstadt, Unterstadt und Vorstadt gegliederte Stadt hat sich – besonders um die Altstadt – ihre Wehrmauern und Türme aus dem 14. Jahrhundert erhalten. Die Auffahrt führt zu einem *Renaissance-Tor* (16. Jh.) – von den Brüstungen der bis zu 15 m hohen Mauer hat man schöne Ausblicke auf das Mirna-Tal und die wellige Landschaft West-Istriens. Am äußeren Stadtplatz erhebt sich das *Stadthaus* (13. Jh., im 16. Jh. erneuert) und die *Renaissance-Loggia* (Anfang 16. Jh.), die sich an das Mauerwerk des *inneren Stadtturms* (14. Jh.) anlehnt. Durch dessen wappengeschmücktes Tor betritt man den Stadtkern und befindet sich auf dem Platz *(trg)* mit dem Glockenturm, der Pfarrkirche und dem Palazzo Polesini *(Kaštel)*. Der *Glockenturm* (13. Jh.) war gleichzeitig Wehrturm und hat deshalb bis zum 5. Stockwerk hinauf keine Fenster, sondern nur Schießscharten. Die *Kirche St. Stefan* entstand im 16. Jahrhundert in einem Stil, in dem sich Renaissance und

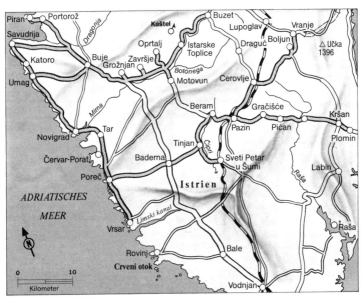

Motovun

Barock vermischen. Der *Palast Polesini* daneben war ursprünglich ein romanisches Kastell, das im 16. und 18. Jahrhundert Umbauten erfuhr; jetzt ist in ihm ein Hotel eingerichtet. Die Platzmitte nimmt eine alte *Zisterne* (1330) ein mit einem Relief, das die Mauern und Türme des damaligen Motovun zeigt.

Wie Grožnjan (s. S. 26), so lag auch Motovun nach dem Abzug der weit überwiegend italienischen Bevölkerung fast verödet; vor allem durch den Fremdenverkehr wurde das Städtchen in den letzten Jahren wieder bevölkert und belebt. – ⌂ „Kaštel".

Oprtalj, nördlich von Motovun auf der anderen Talseite, ist für Freunde alter Fresken interessant. Auf dem *Hauptplatz* erheben sich der *Glockenturm* und die von Meistern aus Krain im 15. Jahrhundert erbaute spätgotische *Pfarrkirche St. Georg*, der im 17. Jahrhundert eine Renaissance-Fassade vorgesetzt wurde. Die ebenfalls im 15. Jahrhundert errichtete *Marienkirche* birgt Fresken eines unbekannten istrischen Meisters. Auch die *St.-Rochus-Kapelle*, außerhalb der Mauern neben der *Renaissance-Loggia*, ist mit Fresken aus dem 16. Jahrhundert geschmückt. Fresken enthalten auch die jeweils 1 km von Oprtalj in der freien Landschaft gelegenen Kirchen *Mariae Geburt* aus dem 15. Jahrhundert (im Nordwesten) und die romanische *Helenenkirche* (im Süden).

Fährt man nun auf der Straße nach Buzet weiter, so tritt man in die Schlucht der Mirna ein und findet am Fuß einer 85 Meter hohen Felswand den Ort *Sveti Stjepan*, der bekannter unter dem Namen

Istarske Toplice („Istrisches Heilbad") ist. Schon die Römer kannten die Heilwirkung der warmen Schwefelquellen bei Rheuma, und vor allem im 16. Jahrhundert kamen, wie aus den Archiven hervorgeht, viele Kurgäste. Heute steht hier ein Rheuma-Sanatorium mit 100 Betten, in dem neben den Thermalbädern auch elektrotherapeutische Verfahren angewendet werden.

Kurz vor Buzet liegen links die Ruinen eines mittelalterlichen Kastells, das nur von der Westseite her zugänglich war; es wird einfach *Kaštel* oder *Pietra Pelosa* genannt. Nun erweitert sich das Mirna-Tal zu einem Kessel, in dem auf einem Hügel

Buzet (2000 Einw.) liegt; im Norden erheben sich die steilen Felswände des *Ćićarija-Plateaus* (s. S. 37), das mit seinem weißen Kalkgestein zur Karstlandschaft von Weiß-Istrien gehört. Buzet ist eine sehr alte Siedlung: Unterhalb der Stadt wurden drei Friedhöfe freigelegt, ein langobardischer (6. Jh.), ein byzantinischer (7./8. Jh.) und ein altkroatischer (9./10. Jh.). Wegen seiner strategisch wichtigen Lage spielte Buzet als Festung in den Kämpfen zwischen Venedig und Österreich eine Rolle. Hier kamen in der Zeit zwischen 1470 und 1511 Einfälle der Türken zum Stillstand. Sie verwüsteten die Dörfer der Umgebung, scheiterten aber an den starken Befestigungen.

Man betritt Buzet durch das *Große Tor (Vela vrata)*, das 1547 erneuert wurde; von der links gelegenen Bastion hat man schöne Ausblicke. Den *Hauptplatz* beherrscht die 1784 im Barockstil erneuerte *Marienkirche* mit ihrem *Glockenturm*. Nahe dem *Kleinen Tor (Mala vrata)* lehnt sich die *Kapelle St. Georg* (1611) an die Stadtmauer. Sehenswert ist auch das *Stadtmuseum* mit Ausgrabungsfunden, Volkstrachten, Wohnungs- und Werkstatt-Einrichtungen. Nahe der Straße, auf der man nach Buje zurückkehrt, steht im ummauerten Friedhof die *Kapelle St. Vitus und Modestus* (1653), in die römische Mauerreste verbaut wurden. ⌂ „Funtana".

*

Von Buje führt eine Straße 10 km nach Westen, auf der man das zur Hotelstadt gewordene Küstenstädtchen

Umag (5500 Einw.) erreicht, einen der entwickelsten Badeorte an der istrischen Westküste. Die Küstenebene ist mit Obsthainen und Weingärten bedeckt – Umag hat große Kellereien und ist der Hauptausfuhrhafen für istrische Weine. Der teils felsige, teils sandige Strand ist von Hotels und Bungalow-Siedlungen gesäumt, die vor allem auf der Halbinsel *Punta* liegen, in (2 km nördlich) *Stella Maris* und im (3 km nördlich) Ortsteil *Katoro*, der mit seinem flach abfallenden Strand ein Kinderparadies ist (auch preislich: bis zum 7. Lebensjahr 50 Prozent, bis zum 10. Lebensjahr 30 Prozent Rabatt); ein Teil des Strandes von Katoro ist für Fkk-Freunde abgeteilt. Neben dem malerischen Städtchen Umag mit kleinen Plätzen und engen Gassen auf seiner eigenen Halbinsel wurde ein zollfreier Yachthafen angelegt, im Hotel Adriatic auf der Punta gibt es ein Spielkasino, in Katoro das Vergnügungszentrum „Terasa Zaza".

Inf.: Istratours, 52394 Umag, JNA 1.

🚌 Koper, Triest, Poreč, Pula.

🏨 Katoro: „Koral"; Punta: „Adriatic".

🏠 „Kristal"; Katoro: „Aurora", „Istra", „Polynesia"; Punta: „Beograd", „Enea", „Jadran", „Luna", „Park", „Plitvice", „Sipar", „Stella Maris", „Umag", „Zagreb".

⛺ „Arena Punta"; „Finida"; „Stella Maris".

16 km südlich von *Umag* liegt an der Küstenstraße auf einer Halbinsel nördlich der Mündungsbucht des Flusses *Mirna* (s. S. 27)

Novigrad (3000 Einw.), was im Kroatischen „Neustadt" bedeutet; die Venezianer nannten es „Cittanova". Der Hafen lebte von der Holzausfuhr – er verschiffte das in den istrischen Wäldern, vor allem im *Motovuner Wald* (s. S. 27), geschlagene Holz, das die *Mirna* heruntergeflößt wurde. Der bedeutendste Bau des Städtchens ist der einstige *Dom* aus dem 8. Jahrhundert; er wurde im 15./16. Jahrhundert erneuert und ist heute die *Pfarrkirche St. Pelagius* – in der spätromanischen Krypta steht der Sarkophag mit den Gebeinen des Heiligen. Im Palast der *Urizzi* ist ein kleines Museum eingerichte, das u. a. auch eine Sammlung antiker und mittelalterlicher Fragmente enthält.

Inf.: Turističko društvo, 52380 Novigrad (Istra).

🚌 Koper, Triest, Umag, Buje, Poreč, Pula.

🏨 „Emonia"; „Laguna".

🏠 „Stella Maris"; Motel „Karigador".

⛺ „Mareda"; „Sirena".

Jenseits der Mirna-Mündung liegt auf einem Hügel das Dorf

Tar (1000 Einw.) und zu seinen Füßen das Fischerdorf *Tarska Draga*, das sich auch zu einem Badeort entwickelt. Und terhalb von Tar sind die Ferienanlagen „Lanterna" und „Solaris". 2,5 km weiter liegt die moderne Feriensiedlung *Červar-Porat*; von dem einstigen römischen Portus Cervera sind eine Villa und eine Keramikwerkstatt erhalten.

16 km südlich von Novigrad kommt man auf der Küstenstraße zu einer der schönsten istrischen Städte und dem seiner Bettenkapazität nach größten Badeort – es hat Dubrovnik längst eingeholt – Jugoslawiens,

Poreč (5500 Einw.). Die auf einer flachen Halbinsel angelegte Siedlung der Illyrer wurde im 2. Jahrhundert von den Römern besetzt, die sie *Parentium* nannten. Nach Zeiten gotischer, byzantinischer und langobardischer Herrschaft wurde sie Teil des fränkischen Reiches und zwar seiner Mark Friaul. 1232 kam Poreč unter die Herrschaft des Patriarchen von Aquileia, der sie sich aber entzog, indem sich 1267 als erste istrische Stadt um Schutz an Venedig wandte. Im Zweiten Weltkrieg wurde Poreč durch alliierte Luftangriffe schwer beschädigt.

Poreč besitzt in der *Euphrasius-Basilika* ein Kunstwerk von hohem Rang. Die Kirche wurde anstelle zweier Vorgängerinnen 543 bis 553 als dreischiffige Basilika mit einer achteckigen *Taufkapelle* erbaut; der *Campanile* wurde erst 1592 aufgeführt, der *Bischofspalast* neben der Vorhalle 1694. Berühmt und mit denen von Ravenna vergleichbar sind die byzantinischen *Mosaiken*, vor allem der mittleren Apsis: hier ist u. a. Bischof Euphrasius dargestellt mit dem Modell seiner Basilika auf dem Arm. Beachtenswert sind auch die byzantinischen Kapitelle der 18 Pfeiler und der steinerne, ebenfalls mit Mosaiken geschmückte Balda-

Poreč: Bischof Euphrasius

chin. Bei einem Streifzug durch Poreč findet man auf dem *Marafor-Platz* die Reste eines *Mars-* und eines *Neptun-Tempels* (1. Jh. v. Chr.), romanische Kirchen wie *St. Franziskus* (13. Jh.), gotische Häuser wie den *Zuccato-Palast* (14./15. Jh.) und barocke Bauten wie den *Sinčić*-Palast (17. Jh.), in dem das *Stadtmuseum* untergebracht ist.

Die Erholungslandschaft von Poreč mit ihren felsigen Stränden erstreckt sich zehn Kilometer nach Norden und zwölf Kilometer nach Süden. Über diese Strecke sind 27 Hotels und Motels, Bungalow-Siedlungen, Appartment-Hotels, zehn Campingplätze (davon fünf Fkk-Plätze), eine Vielfalt von Sporteinrichtungen, Unterhaltungsmöglichkeiten und Nacktbadestrände verteilt. Auf der Insel *Sveti Nikola*, 300 Meter südlich der Stadt, stehen vier Hotels. Hochburgen dieses touristischen Gebiets sind die Komplexe *Plava Laguna* und *Zelena Laguna* (,,Blaue" und ,,Grüne Laguna").

Inf.: Turistički biro, 52 360 Poreč.

🚆 Triest, Pula, Rijeka.

🏨 ,,Parentium" (Zelena Laguna); ,,Pical" (Pical).

🏨 ,,Adriatic"; ,,Diamant"; ,,Neptun"; ,,Peskera"; ,,Poreč"; Sveti Nikola: ,,Istra", ,,Miramare", ,,Splendid"; Plava Laguna: ,,Mediteran"; Zelena Laguna: ,,Albatros", ,,Astra", ,,Galeb", ,,Lotos"; Brulo: ,,Kristal", ,,Rubin"; Pical: ,,Zagreb"; Spadići: ,,Luna", ,,Turist"; Materada: ,,Materada"; Lanterna: ,,Lanterna", ,,Solaris" (Fkk); Červar: ,,Marina".

🏠 Stadt: ,,Bellevue", ,,Riviera"; Lim: ,,Pension Lim".

⛺ ,,Puntica"; ,,Ulika" (Fkk); ,,Zelena Laguna".

Neun Kilometer südlich von Poreč liegt auf einem Hügel am Meer das Dorf

Vrsar (1000 Einw.), das ebenfalls als Ferienort schnell aufblüht. Der Ort lieferte aus seinen Steinbrüchen Bausteine für die Kirchen und Paläste Ravennas und Venedigs und baute sich selbst die schöne romanische (13. Jh.) *Marienkirche* und das *Kastell Vergotini* (18. Jh.) als Sommersitz der Bischöfe von Poreč mit herrlicher Aussicht auf die vorgelagerten Inseln und Inselchen. Unter ihnen ist *Koversada* besonders bekannt geworden – als Europas größte Ferienanlage für Nudisten, denen ein drei Kilometer langer, in den Lim-Kanal hineinreichender Strand zur Verfügung steht.

Unweit südlich von Vrsar schneidet der *Lim-Kanal (Limski kanal)* als eine fjordartige Bucht von neun Kilometer Länge und 600 Meter Breite mit zum Teil bis zu hundert Meter hohen Ufern tief in die Küste; er ist berühmt für seine Austernzucht. Das Gebiet steht unter Landschaftsschutz, in der Bucht sind Baden, Fischen und jeglicher Wassersport verboten. Am Ende des Fjords liegt das Motel ,,Lim". Am Südufer ist das Fkk-Gelände ,,Valalta" mit Campingplatz und Bungalows (von Rovinj aus zu erreichen).

Inf.: Turističko društvo, 51 366 Vrsar.

🚆 Koper, Pula.

🏨 ,,Funtana"; ,,Panorama"; ,,Pineta"; ,,Koversada". – 🏠 ,,Anita". – ⛺ ,,Funtana"; ,,Turist"; ,,Koversada" (Fkk).

Poreč bietet die Möglichkeit zu einem besonders interessanten

Abstecher ins Landesinnere

Man fährt von Poreč 13 km nach Osten, wo man in *Baderna* die große Straße Triest-Pula kreuzt und geradeaus in Richtung Pazin weiterfährt. Die Straße steigt zunächst in 9 km zu dem 320 m hoch gelegenen Dorf *Tinjan* auf, von dem aus man, rechts abfahrend, in 5 km das Dörfchen

Sveti Petar u Šumi (St. Peter im Wald) besuchen kann, wo in einem verfallenen Kloster eine Kirche aus dem 13. Jahrhundert steht; bei ihrer Erneuerung 1459 erhielt sie Renaissance-Arkaden, 1773 den Rokokoaltar.

Von *Tinjan* fährt man (5 km im *Čipri-Tal* aufwärts – nach links zweigt eine 13 km lange Asphaltstraße zum Bergstädtchen *Motovun* (s. S. 27) ab – zu dem 1 km links abseits liegenden Dorf

Beram (400 Einw.), das eine kunstgeschichtliche Kostbarkeit besitzt: die berühmtesten Fresken Istriens. Sie finden sich 1 km östlich von Beram in dem *Friedhofskirchlein Sveta Marija na Škriljinah*. Das Hauptstück des 33 Teile umfassenden Freskenzyklus, 1474 von der Hand des Meisters Vincent aus Kastav, ist das 8 m lange Fresko „Totentanz" an der Westwand, auf dem Papst, Kardinal und Bischof, König und Königin, Wirt, Soldat, Kaufmann, Bettler sowie ein Kind im Reigen mit Skeletten schreiten. Besonders beachtenswert sind auch die Fresken „Das Glücksrad" (rechts unter dem „Totentanz") und die 7,5 m lange, überaus figurenreiche „Anbetung durch die hl. drei Könige" (an der Nordwand oben). Es handelt sich um naive Malerei, die einer des Lesens unkundigen Gemeinde biblische Ereignisse anschaulich machen wollte; überall bildet die istrische Landschaft mit ihren Bergdörfern den Hintergrund (Schlüssel zur Kirche im Dorf).

Nochmals 5 km weiter östlich liegt ziemlich genau im Mittelpunkt Istriens (daher sein deutscher Name „Mitterburg")

Pazin (4000 Einw.). Die Stadt hatte als wirtschaftliches und kulturelles Zentrum Inner-Istriens große Bedeutung für den industrialisierten Bevölkerungsteil vor dem Anschluß an Jugoslawien – hier bestand z. B. das einzige kroatische Gymnasium Istriens, und das auch erst seit 1899.

Das *Kastell* (1539, von seinen späteren Besitzern, den Markgrafen Montecuccoli aus österreichischem Hochadel, mehrfach umgebaut) liegt 120 Meter hoch über der *Fojba-Schlucht*, in der der Bach *Pazinski potok* versickert, um unterirdisch weiterzufließen. Die romanische Pfarrkirche *St. Nikolaus* (1266) erhielt 1441 das spätgotische Presbyterium und wurde im 18. Jahrhundert barockisiert. Auch die *Franziskanerkirche* stammt aus dem 13. Jahrhundert; sie enthält einen mehrflügeligen Altar des Venezianers Girolamo da Santacroce. Beim Gang durch die Stadt sieht man Bauten aus gotischer Zeit, der Renaissance und dem Barock. Interessant ist das *Ethnographische Museum* im Kastell mit einer Glockensammlung (14.–19. Jh.). Pazin ist unter Jägern bekannt wegen seiner gutbesetzten Reviere.

Inf.: Turistički biro; 52 300 Pazin.
🚆 Divača, Pula.
🏨 Motel „Lovac". – ⛺ „Partizan".

Von Pazin kann man die Fahrt nach verschiedenen Richtungen fortsetzen:

1. in südöstlicher Richtung auf der Straße nach *Plomin* (28 km). Nach 8 km kommt man am Bergdorf *Gračišće* (454 m; 400 Einw.) vorbei; um seinen Platz stehen der Palazzo Salamon (15. Jh.), die Bischofskapelle (15. Jh.) und die 1425 erbaute Marienkirche; die Kirche Sveta Eufemija (14. Jh.) besitzt ein kunstgeschichtlich bedeutendes romanisches Kruzifix.

4 km weiter liegt das Bergdorf *Pićan*, eine sehr alte Siedlung, die vom 5. bis zum 18. Jahrhundert Bischofssitz und Mittelpunkt des ganzen Landstrichs war; ihre Mauern und das Stadttor (14./15. Jh.) sind erhalten, die alte Kathedrale wurde im 18. Jahrhundert umgeformt. Die Straße endet in *Plomin* an der Ostküste Istriens (s. Route 5, S. 40), wo sie in die Küstenstraße Opatija–Pula einmündet.

2. in östlicher Richtung auf der Straße nach Vranja in Richtung auf Istriens höchstes Gebirge, das *Učka-Massiv* (1396 m). Man kommt durch das Dorf *Cerovlje* mit seiner gotischen Dreifaltigkeitskirche zu einer Abzweigung, die nach Norden zu dem einem hohen Hügel aufsitzenden Städtchen *Boljun* führt. Außer der romanischen Kosmas-und-Damian-Kirche, der Peterskirche (14. Jh.) und der Georgskirche hat sich hier die Loggia mit dem darüber gelegenen Zehntspeicher erhalten. *Vranja* schließlich ist Ausgangspunkt für Bergwanderungen in das Učka-Gebirge (s. Route 4, S. 37); Ziele sind vor allem *Vela Draga* und *Vranska Draga* in einem Gebiet voller steiler Felsspitzen.

3. in nördlicher Richtung nach *Buzet* (30 km). Man kommt dabei an dem Dörfchen *Draguć* (100 Einw.) vorbei. Die Außenmauern seiner Häuser bilden die Wehrmauer. Die St.-Rochus-Kirche (16. Jh.) enthält Fresken eines istrischen Malers, darunter die „Anbetung durch die hl. drei Könige" und eine ergreifende Christus-Darstellung. Auch die romanische Friedhofskirche Sveti Elizej (13. Jh.) ist mit Fresken geschmückt. Die Fahrt durch das Bergland mit seinen Karsthügeln und dem Učka-Gebirge im Osten endet im Talkessel von *Buzet* (s. S. 28). Buzet ist auch das Ziel von Abstechern ins Innere von Istrien von Buje (s. S. 26) und – durch das neue Učka-Tunnel – von der Riviera von Opatija her (s. S. 37).

Route 3: Rovinj – Pula (42 km)

Der fjordartige *Lim-Kanal* (vgl. S. 30) bildet eine alte Grenze zwischen den Einflußgebieten von *Poreč* im Norden und von *Pula* im Süden. Der Gleichklang seines Namens mit dem ebenfalls Austernzucht betreibenden Limfjord in Dänemark ist rein zufällig – die Benennung „Lim-Kanal" rührt von *Limes* (Grenze, Grenzwall) her (Motel „Lim" am Fjordufer). 12 km westlich der Straße Triest-Pula erreicht man
Rovinj (9500 Einw.), eine der schönstgelegenen und malerischsten Küstenstädte Istriens. Die auf einer erst 1763 mit dem Festland verbundenen

Rovinj

Insel erbaute Stadt war bis zum Ausbau Pulas (s. S. 18) der wichtigste Hafen der Südwestküste. Trotz seiner Insellage und seiner Befestigungen wurde Rovinj, das im 7. Jahrhundert erstmals als *Ruvigno* auftaucht, mehrmals geplündert: 876 von Seeräubern aus dem dalmatinischen Neretva-Delta, 965 von Kroaten, 1379 von Genuesen, 1579 und 1599 von Uskoken aus Senj (s. S. 46). Trotzdem gedieh die Stadt, vor allem in ihrer venezianischen Zeit, als Ausfuhrhafen von Baumstämmen für die Pfahlroste Venedigs und von Bausteinen für seine Palazzi, von Vieh und Obst.

Aus dieser Blütezeit stammen ihre schönen Bauten: Am *Tito-Platz* nächst dem Hafen der rosafarbene *Uhrturm*, das barocke *Rathaus* (17. Jh.) und daneben das *Stadtmuseum*. Durch das *Heiligkreuztor* (1680) betritt man die Altstadt, in der gleich links der *Prätorenpalast* (16. Jh.) steht. Von hier geht es durch die steile *Grisia-Gasse* aufwärts zur *Kirche St. Euphemia*, die 1736 anstelle einer frühchristlichen Basilika auf dem höchsten Punkt der Insel errichtet wurde, mit dem 60 m hohen, dem Campanile auf dem Markusplatz Venedigs nachgebildeten *Glockenturm*. In der Barockkirche steht hinter dem rechten Seitenaltar der Sarkophag mit den Gebeinen der hl. Euphemia – die Schutzpatronin von Rovinj starb im Jahr 304 den Märtyrertod. Von der Terrasse und vom Turm (183 Stufen) hat man eine schöne Aussicht auf die Stadt und die ihr vorgelagerten Inseln. Nun steigt man nach Süden zum Kai ab, an dem die hübsche *Loggia* (1592) liegt.

Als nach dem Krieg in der Altstadt viele Häuser leerstanden und zu verfallen drohten, zogen Künstler aus ganz Jugoslawien nach Rovinj. Überall gibt es jetzt kleine Galerien und Ausstellungen, besonders in der Grisia-Gasse.

Auf der Nordseite der Halbinsel liegt der Platz *Valdibora* mit einem großen Gefallenendenkmal. Nach Osten weitergehend kommt man zum Institut für Meeresbiologie mit seinem *Aquarium*.

Rovinj ist in üppige subtropische Vegetation eingebettet. Im Süden der Stadt liegt einer der schönsten Parks der Adria-Küsten, *Zlatni rt* („Goldenes Kap"). Von den Inseln sind die *Insel Katarina* und die *Rote Insel (Crveni otok)* die bekanntesten. Die Rote Insel besteht aus zwei durch einen Damm verbundenen Teilen: *Otok svetog Andrija*, die „Insel des hl. Andreas", einem in ein Hotel verwandelten Kloster, dessen älteste Mauern bis ins 6. Jahrhundert zurückgehen, und die *Insel Maškin*, die ganz den Freunden der Freikörperkultur vorbehalten ist. Weiter südlich liegen die Inseln *Sturag*, *Sveti Ivan* mit einem Kirchlein und *Sveti Ivan na pučini* mit einem Leuchtturm. 5 km nördlich von Rovinj liegt das große Nudistencamp *Valalta*. Rovinj hat auch ein „Internationales Jugendzentrum Škaraba" (Camp mit Bungalows und eigenem Strand).

Inf.: Turističko društvo, Obala Pino Budicin 12, 52210 Rovinj.

🚆 Triest, Pula, Rijeka, Ljubljana.
⛴ Triest, Pula, Zadar, Rijeka.
🏨 „Eden" (2 km südl., Spielkasino, Hallenbad).
🏨 Rovinj: „Lone"; „Monte Mulin"; „Park"; „Rovinj" (Altstadt); Touristensiedlung „Polari" (2 km), „Rubin" und „Monsena" (Fkk); Rote Insel: „Crveni otok"; Insel Katarina: „Katarina".
⌂ „Centar" (Altstadt).
⛺ „Polari"; „Turist"; „Valalta" (Fkk).

Abstecher ins Landesinnere.

Man kehrt dazu die zwölf Kilometer bis zu der Stelle zurück, wo südlich des Lim-Kanals in *Sošići* die Straße nach Rovinj von der Hauptstraße Triest–Pula abzweigt und fährt, sie kreuzend, geradeaus in östlicher Richtung nach Žminj (13 km). Nach sechs Kilometern liegt links der Straße im Tal *Limska draga* die Ruinenstadt

Dvigrad. Der Ort wuchs aus zwei uralten illyrischen Siedlungen zusammen, die beiderseits des Tals errichtet wurden und befestigt waren; er wurde darum von den Venezianern *Duecastelli* und von den Kroaten sinngemäß Dvigrad genannt. Im 14. Jahrhundert zerstörten die Genuesen den Ort, im 16. Jahrhundert die Uskoken aus Senj; als 1630 die Pest wütete, gaben die wenigen Überlebenden den unheilvollen Ort auf, er verfiel zu malerischen Ruinen, aus denen man aber noch die Wohnhäuser und das Schiff der *Sophienkirche* aus dem 11. Jahrhundert ausmachen kann. Die restliche Bevölkerung gründete auf der Anhöhe über der Limska draga das heutige Dorf

Kanfanar, das nur drei Kilometer von der Ruinenstätte entfernt ist. Die Flüchtlinge von Dvigrad brachten als ihren kostbarsten Besitz die Ausstattung ihrer Sophienkirche mit und steuer-

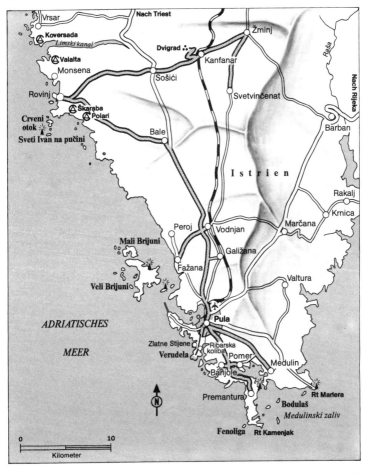

ten sie der 1696 erbauten *St.-Silvester-Kirche* bei: die mit Reliefs verzierte frühgotische Steinkanzel, hölzerne Heilige und sehr alte liturgische Geräte. Kanfanar war, ehe die Eisenbahnstrecke nach Rovinj aufgelassen wurde, ein wichtiger Verkehrsknotenpunkt.

Sieben Kilometer östlich von Dvigrad und Kanfanar liegt das Bergdorf

Žminj. Die Steine seiner mittelalterlichen Wehrmauern und Türme wurden zwar meist in Wohnhäuser verbaut, aber drei Kirchen blieben erhalten: die frühgotische (1381) *St.-Anton-Kapelle* mit Fresken eines venezianischen Malers, die gotische *Dreifaltigkeitskapelle* mit Wandmalereien aus dem 15. Jahrhundert, deren Stil auf tirolischen Ursprung schließen läßt, und *St. Michael* (18. Jh.) mit Fresken, die wieder venezianisch sind – Žminj muß wohlhabend gewesen sein, wenn es sich Künstler, wenn auch nur „auf die Dörfer gehende", aus Venedig und Tirol zur Verschönerung seiner Kirchen leisten konnte.

Unweit von Žminj liegt im Südsüdosten ein Ort, der wegen seines besonders schönen und typischen Dorfplatzes bekannt ist:

Svetvinčenat. Um diesen *Dorfplatz* stehen die *Kirche Mariae Verkündigung* (Anfang 16. Jh.) mit einer prächtig geschnitzten Tür, das *Kastell Grimani* (1458 erbaut und 1589 erneuert) und das in der Renaissance erbaute *Gemeindehaus* mit der *Loggia*. Auf dem Friedhof steht die im 12. Jahrhundert errichtete romanische *Kirche St. Vinzenz*. In ihr liegen Fresken in drei Schichten übereinander, von denen die jüngste aus dem 14./15. Jahrhundert stammt, die mittlere aus dem 13. Jahrhundert, die unterste wohl aus der Zeit der Erbauung.

*

Wer von *Rovinj* nach *Pula* fahren will, kann eine Straße benützen, die ihn in südöstlicher Richtung (14 km) nach *Bale* an der Hauptstraße Triest–Pula bringt – an die römische, zur Zeit des Kaisers Vespasian ausgebaute *Via Flavia*, deren Verlauf die moderne Straße weithin folgt.

Bale (1000 Einw.) ist ein Städtchen, das auf einem 140 m hohen Hügel inmitten von Olivenhainen und Weingärten liegt. Wer Ausflüge ins Landesinnere scheut, findet hier eine typische istrische Landstadt. Ihre Häuser sind in zwei Kreisen um die Hügelkuppe angeordnet. In der venezianischen Zeit Bales (1332–1797) entstanden der *Palazzo Soardo-Bembo*, auch kurz *Kastell* genannt, mit hübschen dreibogigen Fenstern, der *Prätorenpalast*, die *Loggia* und der *Getreidespeicher* – alles Bauten, die zur profanen Ausstattung jeder istrischen Stadt gehören. Dazu der *Glockenturm* neben der *Pfarrkirche*, die 1880 auf den Grundmauern einer Basilika aus dem 9. Jahrhundert erbaut wurde und noch romanische Plastiken aus der alten Kirche enthält. Die romanische *St.-Elias-Kirche*, die gotische *Heiliggeistkirche* und die spätgotische *Antoniuskirche* runden das Bild eines Städtchens ab, zu dem jedes Jahrhundert eine bescheidene Gabe beigetragen hat.

15 km weiter an der Straße Triest–Pula liegt das Städtchen

Vodnjan mit Häusern aus gotischer Zeit, ganzen Gassen, die sich aus dem 15. Jahrhundert erhielten, und Bauten aus dem 17. und 18. Jahrhundert. An der Südseite des Stadtplatzes steht der *Palazzo Bradamante* (17. Jh.), westlich des Platzes der *Palazzo Bettica* in venezianischer Gotik (15. Jh.). Die frühchristliche Basilika wurde 1760 abgerissen und im 19. Jahrhundert durch eine Kirche ersetzt, in die man die Abbruchreste kurzerhand verbaute.

Von *Vodnjan* aus erreicht man (4 km nach Südwesten) das Fischerdorf

Fažana, das sich langsam auch zu einem Badeort entwickelt. Der alte, schon in römischer Zeit besiedelte Ort hat sich die *Kapelle Sveta Eliza* aus dem 6. Jahrhundert bewahrt; das Holz der Tür- und Fensterrahmen soll noch aus der Zeit der Erbauung stammen. Die *Kirche der hl. Maria vom Berge Karmel* wurde im 14. Jahrhundert erbaut und enthält Fresken aus dem 15. Jahrhundert, die *Kosmas-und-Damian-Kirche* fügte das 16. Jahrhundert hinzu. Der *Glockenturm* des malerischen Dorfes ist bis zum sechsten Stockwerk hinauf ohne Fensteröffnungen – er diente einst auch als Wehrturm und letzte Zuflucht bei Überfällen von Piraten. 3 km nördlich von Fažana liegt an der Küste das Dörfchen *Peroj*, das um die Mitte des 17. Jahrhunderts von Leuten aus der Bucht von Kotor gegründet wurde; die Flucht vor den Türken hatte sie bis hierher verschlagen. Das Küstengebiet vor den Brionischen Inseln ist weitgehend militärisches Sperrgebiet.

4 km vor der Küste liegt gegenüber von *Fažana* die Gruppe der

Brijuni-Inseln, die wir unter ihrem italienischen Namen Brioni kennen. Der Archipel besteht aus zwei größeren – *Veli Brijuni* und *Mali Brijuni* – und 13 kleinen Inseln, die ein besonders mildes Klima haben und üppige subtropische Vegetation tragen; in ihren vielen Buchten gibt es Kieselstrände. Da Veli Brijuni der bevorzugte Aufenthaltsort von Marschall Tito war und noch heute dem Empfang von Staatsgästen dient, sind die Brionischen Inseln und die umliegenden Seegebiete dem Tourismus verschlossen.

Am Ende der großen Straße Triest–Koper–Buje–Baderna–Bale–Vodnjan liegt

Pula mit wohlerhaltenen Bauten aus römischer Zeit, unter denen das große *Amphitheater* als eine der bedeutendsten Sehenswürdigkeiten Istriens hervorragt, ist auf den Seiten 18/19 ausführlich beschrieben.

Im Süden Pulas, wo die Halbinsel Istrien in einer Landspitze ausläuft, hat sich ein ausgedehntes Ferienzentrum entwickelt. Die reich gegliederte Küste hat so viele Buchten, daß sich eine Uferlänge von 190 km ergibt. Im Umkreis von 15 km stehen um Pula 4000 Hotelbetten, 2500 Betten in Touristen-Siedlungen und 4200 Betten in Privathäusern der Fischerdörfchen zur Verfügung, die sich alle auf Fremdenbeherbergung umgestellt haben; die acht Campingplätze können etwa 11 000 Personen aufnehmen. Südwestlich von Pula folgen *Zlatne Stijene*, *Verudela*, *Ribarska koliba*, *Banjole* und *Premantura;* nach Südosten öffnet sich die *Bucht von Medulin*. Die Halbinseln sind flach und mit Strandkiefern-Wäldern bedeckt, ihre Strände meist felsig und in manchen Buchten kiesig.

Pula am nächsten (3,5 km) liegt auf der Halbinsel *Verudela* das in Terrassen hochgebaute Hotel ,,Splendid" nahe einem fast von Bäumen überwachsenen Fort aus der Zeit, als Pula österreichischer Kriegshafen war (s. S. 18). Ihm schließen sich der Hotelkomplex ,,Zlatne Stijene" (,,Goldene Felsen" an, weiter südlich die Hotels ,,Park" und ,,Brioni" sowie die Touristensiedlung ,,Verudela", auf der andern Seite der Halbinsel die Touristensiedlung ,,Ribarska Koliba" (,,Fischerhütte") – die einstige ,,Fischerhütte" an der geschützten Bucht ist zum Jachthafen geworden.

Auf einer weiteren Halbinsel folgt

Banjole mit seinem Pinienwald, der einem der ausgedehntesten Campingplätze Istriens Schatten spendet.

Auf einer letzten Halbinsel liegt schließlich als südlichste Siedlung Istriens das Dörfchen

Premantura mit drei Campingplätzen, dessen abgelegenster auch Fkk-Freunden offensteht. Die Halbinsel Premantura läuft im *Kap Kamenjak* aus, auf dessen letzter Klippe ein Leuchtturm steht. Nach Südosten blickt man auf die Insel *Lošinj*, nach Osten auf die Insel *Cres*, die den *Kvarner-Golf* begrenzen (s. S. 42).

Die Straße von Premantura zum Kap *Kamenjak* ist militärisches Sperrgebiet.

Nach Südosten öffnet sich die tief eingeschnittene *Bucht von Medulin;* in ihrem innersten Winkel liegt (8 km von Pula) das für seine Muschelzucht bekannte Dörfchen *Pomer* mit einem Campingplatz. Die Hotel-Siedlung

Medulin liegt 4 km weiter (von Pula direkt 10 km) am Nordostufer der Bucht entlang einem 2 km langen Kiesstrand. Vor 2000 Jahren eine römische Sommerfrische, umfaßt Medulin jetzt drei Hotels (,,Medulin", ,,Mutila", ,,Belvedere") mit 1500 Betten, wozu Pavillons, Familienwohnungen und Privatzimmer im Ort Medulin mit seiner – in Istrien eine Seltenheit – doppeltürmigen Kirche kommen. Vom Campingplatz ,,Medulin" ist ein Teil für Fkk-Freunde reserviert.

Medulin

Route 4: Opatija – Mošćenička Draga (19 km)

Wie nahe der Westküste Istriens, so führt auch an der Ostküste, zunächst unmittelbar am Ufer, später mehr im Landesinneren, eine Straße nach Pula; sie beginnt an der Gabelung südlich von Matulji, wo die von Ljubljana (Laibach) über Postojna (Adelsberg) herführende Schnellstraße sich in zwei Stränge teilt: der östliche führt nach Rijeka (10,5 km), der westliche (3,5 km), nach Opatija (Abbazia), dem meistbesuchten Badeort im Kvarnergolf. Die

Riviera von Opatija, der die Orte *Volosko, Opatija, Ičići, Ika* und *Lovran* angehören, nimmt ihren Anfang am nördlichsten Punkt des Golfes, also an der Stelle, wo sich Istrien von

Opatija

der Masse des Balkanfestlands als selbständige Halbinsel abzusetzen beginnt. Auf einer Strecke von 12 km sind die fünf genannten Orte zu einer ununterbrochenen Kette von Hotels und Pensionen, Kurheimen und Villen, Gärten und Parkanlagen zusammengewachsen, so daß man nur am Wechsel der Ortsschilder erkennen kann, in welchem der Badeorte man sich gerade befindet.

Bis zur Mitte des 19. Jahrhunderts gab es an diesem Küstenstrich nur die Fischerdörfer *Volosko, Ičići* und *Ika* sowie ein im 15. Jahrhundert gegründetes Benediktinerkloster *San Giacomo*. Diese Abtei (ital. Abbazia, kroat. Opatija), von der nur noch die *Kirche St. Jakob* aus dem Jahr 1506 erhalten ist, war die Keimzelle für die Entwicklung eines Villenvororts, in dem die Familien der Reeder und Kaufleute von Rijeka den Sommer verbrachten. Nahe der Abtei erbaute 1845 Iginio Scarpa aus Rijeka die „Villa Angiolina" und legte um sie herum den Park an, der heute mit seinen Kamelien und Magnolien, Mammutbäumen und Zedern *Kurpark* ist. 1884 erhält Abbazia mit der Station *Matulji* Bahnanschluß, und der Wiener Südbahndirektor Schüler läßt das erste Grand Hotel bauen. In den Neunziger Jahren wird Abbazia große Mode: Der österreichische und ungarische Adel baut sich Villen, Kaiser Franz Joseph läßt für die befreundete Schauspielerin Katharina Schratt ein vornehmes Landhaus in Volosko errichten – um die Jahrhundertwende ist Abbazia bereits der repräsentative Kurort im Süden der k. u. k. Monarchie. In den folgenden Jahrhunderten beginnt Abbazia sich stetig auszudehnen, Volosko einzubegreifen und Ičici. Nach dem Zweiten Weltkrieg entwickelt sich das nunmehrige *Opatija* geradezu hektisch, und noch ist kein Ende des Neu- und Umbaus, der immer größeren Perfektionierung und Vervollständigung mit allen Möglichkeiten für Sport und Unterhaltung abzusehen. Es hat heute 10000 Einwohner.

Zu dieser erstaunlichen Entwicklung haben beigetragen: Das milde Klima dieses Küstenstrichs, den die Ausläufer der *Učka* (1396 m) vor kalten Winden schützen; die mittlere Jahrestemperatur beträgt 14,7 °C, die mittlere Wintertemperatur 7,9 °C. Die subtropische Vegetation, die Lorbeer, Mimosen und Oleander, ja Palmen und Kakteen prächtig gedeihen läßt. Die Schönheit des Golfs, der vom Gebirge *Gorski Kotar* im Osten und von den bergigen Inseln *Krk* im Südosten und *Cres* im Süden gerahmt ist und ein intensives Adriablau zeigt. Die günstige Verkehrslage und das große Angebot an Unterkünften aller Kategorien (rund 13000 Betten).

Die Meerbäder sind in die Felsküste gebaut mit betonierten Liegeflächen und Treppchen, die ins Wasser führen. Ein 8 km langer Uferweg zieht sich von *Volosko* bis *Ika* unmittelbar am Wasser hin; er ist in die Uferfelsen gemauert und bietet, um viele kleine Buchten und Häfen herumführend, immer neue Aus- und Einblicke.

Inf: Turističko društvo, 51 410 Opatija, Šetalište Maršala Tita 183.

Reisebüros: ,,Generalturist", ,,Kompas", ,,Kvarner Express", ,,Putnik".

🚆 Bahnstation Matulji.

🚍 Rijeka, Pula, Ljubljana, Zagreb usw.

🏨 (Luxus),,Ambassador";,,Kvarner".

🏨 ,,Adriatic"; ,Amalia"; ,,Astoria"; ,,Atlantik"; ,,Belvedere"; ,,Dubrovnik"; ,,Esplanade"; ,,Imperial"; ,,Jadran"; ,,Kristall"; ,,Opatija"; ,,Residenz"; ,,Slavija"; ,,Zagreb".

🏨 ,,Avala"; ,,Brioni"; ,,Continental"; ,,Istra & Marina"; ,,Palme"; ,,Triglav-Rosalia".

🏠 ,,Paris" (garni) u. v. a.; Motel ,,Ičići".

⛺ ,,Preluk"; ,,Opatija" (bei Ičići).

Veprinac

Abstecher ins Innere Istriens

Außer größeren Ausflügen, die auch mit den Bussen jugoslawischer Reiseveranstalter möglich sind, bietet Opatija Möglichkeiten zu interessanten Fahrten in die nähere Umgebung und ins Innere der Halbinsel Istrien.

Von *Matulji* aus, wo sich auch die Bahnstation von Opatija befindet, führt eine Straße die Berghänge entlang zum höchsten Berg Istriens, der Učka, und durch einen erst 1981 fertiggestellten Tunnel nach Buzet. Nach neun Kilometer Fahrt kommt man nach

Veprinac (500 Einw.), das aus zwei Ortsteilen besteht, dem unteren und dem 519 Meter hoch gelegenen oberen Teil. Sehenswert sind die *Loggia*, die 500 Jahre alte *St.-Anna-Kapelle* und die am höchsten Punkt erbaute *Markuskirche* aus dem 15. Jahrhundert mit ihrem Glockenturm. Man hat von hier aus einen schönen Ausblick auf den Kvarnergolf.

In Veprinac teilt sich die Straße: Nach links geht die neue Strecke zum Učka-tunnel und weiter nach Buzet, rechts führt die alte Učka-Straße aufwärts zum *Poklon-Sattel* (922 m) mit einem Berggasthaus. Nach einer Fahrt von 18 Kilometern erreicht man den

Učka-Gipfel Vojak (1396 m). Die Straße (bis zu 18% Steigung) führt durch Nadel- und Buchenwälder zum Fernsehturm empor, der einer auf ihren vier Stabilisierungsflossen stehenden Rakete ähnelt, und von dort (Fußpfad 150 m) zum Gipfel. Neben dieser Auffahrt von der Nordseite her gibt es auch zwei Aufstiege (1³/₄ und 2¹/₄ Std.) von der Westseite her, die beide über das *Berggasthaus Peruč* führen. Der Rundblick vom Aussichtsturm des *Vojak*, des höchsten Gipfels des Učka-Massivs, ist einer der schönsten und weitesten, die man in Jugoslawien finden kann: an klaren Tagen reicht die Sicht bis zu den Julischen Alpen im Norden, bis zum Gorski-Kotar-Gebirge jenseits des Golfes im Osten, bis zum Velebit-Gebirge im Südosten; nach Westen und Süden überblickt man ganz Istrien, auf das man wie auf eine Reliefkarte hinabschaut.

Durch das fünf Kilometer lange Učka-Tunnel fährt man nach Westen und dann am Südrand der Karsthochebene *Čićarija* (*Tschitschenboden*) entlang weiter. Diese verlassene und fast menschenleere Landschaft hat ihren Namen von dem romanischen Hirtenvolk der Tschitschen, die in der Türkenzeit aus dem Innern der Balkanhalbinsel bis in den Norden Istriens gewandert sind. Die Fahrt ist auch geographisch interessant: Während die Berge Istriens nach Osten hin steil abfallen und dem Küstensaum nur einen schmalen Streifen lassen, dachen sie sich nach Westen flach ab und gehen in eine wellige, von kleinen Flüssen durchschnittene Karsthügellandschaft über.

In *Vranja* teilt sich die Straße; man kann nach Süden über Kršan nach Labin weiterfahren und so die stark befahrene Küstenstraße vermeiden, man kann nach Südwesten durch das Tal der Fojba Pazin (s. S. 31) erreichen. Unsere Strecke geht nach Nordwesten weiter. Acht Kilometer hinter *Lupoglav* steht auf einem Hügel das mittelalterliche Städtchen *Roč*, das im 15. Jahrhundert mit Mauern und Türmen bewehrt wurde. Der

an Italien fiel, war Kastav westlichster Vorposten Kroatiens.

*

Auf unserer Route von *Opatija* nach Mošćenička Draga fährt man zunächst die Riviera von Opatija, die auch Kvarner-Riviera genannt wird, entlang nach Südsüdwesten. Links der ufernah geführten Straße liegt der Kvarnergolf, rechts ziehen sich weiße Villen an den Ausläufern der Učka-Gebirges hinauf. Alle Häuser sind in üppiges Grün gebettet, aus dem sich die vielen spitzen Zypressen hervorheben. Der erste Ort nach der Kur- und Badestadt Opatija ist

Ičići (1000 Einw.), das sich aus einem kleinen Fischerdorf zum Badeort mit Hotel und großem Campingplatz entwickelt hat. An ihm führt ein besonders schönes Stück des Uferwegs (s. S. 36) entlang bis zum nächsten Ort

Ika (500 Einw.), das auch einmal Fischerdorf war und jetzt Villenort ist. Die eigentliche Riviera (aber nicht etwa auch die Kette der Badeorte) endet bei dem Städtchen

Lovran (4000 Einw.), das seinen Namen den vielen Lorbeerbäumen (kroat. *lovor*) verdankt; früher hieß es *Laurana* von dem italienischen Wort für Lorbeer, *lauro*. Die Altstadt den malerischen *Hafen* weist noch einige Erinnerungsstücke an das Mittelalter auf: das alte *Stadttor* und die gotische *St.-Franziskus-Kirche*, die im 14. Jahrhundert erbaut und im 15. mit Fresken geschmückt wurde. Die im 17. und 18. Jahrhundert erbauten Häuser am *Hauptplatz* verraten österreichischen Einfluß – Lovran war 1374 an Habsburg gekommen. Um die Mitte des 19. Jahrhunderts, vor allem aber um die Jahrhundertwende, wurde der Ort zu einer beliebten Sommerfrische der k. u. k. Monarchie; aus dieser Zeit stammen der meisten Villen, Hotels und Parkanlagen der Neustadt. Heute ist Lovran ein Badeort, der stiller ist als das zuweilen turbulente Opatija, ihm aber an landschaftlicher Schönheit nicht nachsteht.

Inf.: Turističko društvo, 51 415 Lovran.
🚌 Opatija, Rijeka, Pula.
🏨 "Belvedere"; "Beograd"; "Liana".
🏨 "Jadran"; "Lovran"; "Magnolia"; "Miramare"; "Park"; "Splendid".
◊ "Elektra"; "Danica"; "Fani"; "Primorka"; "Zagreb".

kleine Ort hat vier Kirchen. Nach weiteren zehn Kilometern erreicht man *Buzet* (s. S. 28).

Ausflug nach Kastav (9 km).
Man fährt von *Opatija* die Serpentinen der großen Straße nach Ljubljana aufwärts und hat dabei von den Aussichtsparkplätzen herrliche Tiefblicke auf die Riviera und den Golf. Nachdem man *Matulji*, die Bahnstation Opatijas, passiert hat, zweigt von der Hauptstraße rechts die Zufahrt zu dem 377 Meter hoch gelegenen Städtchen

Kastav ab, das im Mittelalter als Sitz der „Herrschaft Kastav" eine Rolle spielte – sein Herrschaftsgebiet reichte bis Mošćenice (s. S. 39) an der Ostküste Istriens. Man betritt die Stadt durch ein *Tor* (1731), vor dem die 1571 erbaute *Loggia* liegt. Die Hauptstraße, von der zu beiden Seiten viele enge Gassen ausgehen, führt zum *Lokvina-Platz* mit einer *Zisterne* in der Mitte; hier steht die *Dreifaltigkeitskirche* (15. Jh.) und das *Haus der Kapitäne*, der von den jeweiligen Besitzern der Herrschaft (sie reichten von den Habsburgern bis zu den Jesuiten, von den Grafen von Duino und Andechs bis zu Bürgerlichen wie Reedern aus Rijeka) ernannten Statthalter. Im Norden des Städtchens erhebt sich der *Glockenturm* (1724) neben der 1709 erbauten barocken *Helenenkirche*. Als Istrien nach dem Ersten Weltkrieg

Die „Kvarner-Riviera" hat nicht nur als Feriengebiet Bedeutung, sondern auch als *Kurgebiet* bei Erkrankungen der Atmungswege, des Kreislaufs und der Wirbelsäule. Zu den Heilfaktoren gehören das „reizmilde Klima" und die überwiegende Windstille (278 Tage im Jahr), vor allem aber das *Institut für Thalassotherapie* (Heilung durch Meerwasser-Einwirkung) in Opatija und die *Orthopädische Klinik* mit Meerwasser-Hallenbad und allen modernen Einrichtungen in Lovran.

*

Bei der Weiterfahrt nach Südsüdwesten sieht man voraus die Nordspitze der *Insel Cres* (s. S. 42) immer näher kommen; sie bildet schließlich mit der Ostküste Istriens eine Meerenge, die *Vela Vrata* (Großes Tor) genannt wird. 3 km von Lovran kommt man zu dem Ort

Medveja, der sich dank einer flachen Bucht mit 2 km langem, baumbestandenem Kiesstrand und der sehr geschützten Lage am Fuß des Učka-Massivs zu einem beliebten Badeort entwickelt.

🏨 „Castello".
⛺ „Medveja".

3,5 Kilometer weiter führt eine gute Nebenstraße zu dem 173 Meter hoch gelegenen Dorf Mošćenice hinauf, eine Abzweigung geht links ab zu dem Badeort Mošćenička Draga.

Mošćenice, von dessen Kirchen-Vorplatz man einen herrlichen Blick auf die Inseln Cres und Krk, die kroatische Küste und das dahinterliegende Gorski-Kotar-Gebirge hat, ist geschichtlich interessant. Hier stand auf der hohen, nach Osten steil abfallenden Klippe seit dem 12. Jahrhundert eine *Burg*, die die Durchfahrt der Meerenge *Vela Vrata* zum inneren Golf beherrschte. Am Fuß des Burgfelsen liegt eine von der Seeseite schwer einsehbare Bucht. Im 16. Jahrhundert setzten sich die Uskoken aus Senj (s. S. 46) in den Besitz des für ihren Kaperkrieg gegen Venedig idealen Schlupfwinkels. Aus der Bucht konnten ihre schnellen Segler hervorbrechen, in die Burg konnten sie sich im Fall eines venezianischen Flottenüberfalls zurückziehen – dazu verbanden sie Bucht und Burg durch eine *Treppe* mit 760 Stufen. Um die Burg entstand ein Städtchen, dessen Häuser mit ihren Außenwänden die Stadtmauer bildeten, und das im 17. Jahrhundert nach der Vertreibung der Uskoken und ihrer Zwangsumsiedlung ins Innere Kroatiens zur „Herrschaft Kastav" (s. S. 38) gehörte. Aus dem Winkelwerk der Gassen und Durchgänge, Häuser und Höfe ragt der *Glockenturm* heraus neben der Ende des 17. Jahrhunderts barockisierten *St.-Andreas-Kirche.* Vor dem Stadttor liegt eine *Loggia;* unter den Häusern fallen zwei noblere aus dem 16. und dem 17. Jahrhundert als Sitze der einflußreichen Familie Negovetić auf. In einem Haus wird noch eine altertümliche Ölpresse gezeigt, die von einem im Kreis gehenden Pferd angetrieben wurde.

Mošćenice ist heute ein beliebtes Ausflugsziel der Badegäste an der „Riviera von Opatija" und des unter dem Ort gelegenen Badeorts

Mošćenička Draga. An dem teils felsigen, teils kiesigen Strand, an dem einmal die Schlafhütten der Piraten standen, stehen jetzt die farbigen Häuser eines malerischen Fischerdörfchens (1500 Einw.), die Neubauten von Hotels und die Zelte und Wohnwagen des Campingplatzes. Da der Strand streckenweise flach abfällt, ist er besonders für Kinder geeignet. Ein Spaziergang führt zur *Kapelle St. Peter* (1575) mit vielen glagolitischen Inschriften (in der Schrift „Glagolica" wurde die altkroatische Kirchensprache geschrieben, um deren Verwendung im Gottesdienst die katholischen Kirchen im 10. und 11. Jahrhundert einen erbitterten Kampf mit Rom führten).

Inf.: Turističko društvo, 51 417 Mošćenička Draga.
🚌 Lovran,, Opatija, Pula.
🏨 „Marina".
🏨 „Draga"; ,,Mediteran"; ,,Slatina".
🏠 ,,Biser"; ,,Rubin". – ⛺.

Mošćenička Draga

Route 5: Mošćenička Draga (Cres und Lošinj) – Pula (86 km)

Zog sich im Abschnitt Opatija-Mošćenička Draga (s. S. 36–39) die von Zypressen gesäumte Straße stets in Ufernähe wenige Meter über dem Meeresspiegel hin, so nimmt sie nun einen Aufschwung in die Berge und entsendet zu den Küstenorten wie Rabac oder Koromačno nur Stichstraßen.

Der erste Ort an dem meist sehr aussichtsreichen Abschnitt Mošćenička Draga-Labin ist Brseč (9 km); kurz dahinter führt eine drei Kilometer lange Stichstraße nach links zur Bucht Brestova hinunter, dem Ablegehafen der Autofähre zur Insel Cres; in der Hauptsaison stündlich, sonst sechsmal am Tag setzt sie über die Meerenge Vela Vrata (Großes Tor) nach dem kleinen Inselhafen Porozina über, von wo eine 80 km lange Straße durch die Inseln Cres und Lošinj führt – die Beschreibung der beiden Inseln steht auf den Seiten 42 ff.

13 km von der Abzweigung der Stichstraße zum Kap Brestova führt die nach Nordwesten zurückbiegende (an der Biegung das prachtvoll gelegene Motel „Plomin") Straße Opatija–Pula mit prächtigen Tiefblicken auf eine Plominski kanal genannte Bucht zu dem auf einem Hügel gelegenen

Plomin. Die aus illyrischer Zeit stammende, von den Römern erneut befestigte Siedlung wurde im 16. Jahrhundert mehrmals von den Uskoken, die in Mošćenice (s. S. 39) einen Stützpunkt hatten, geplündert – immer aufs neue, wenn sie sich einigermaßen erholt hatte. Die Stadtbefestigung aus dem 13. bis 17. Jahrhundert ist teilweise erhalten, ebenso die alte romanische Kirche St. Georg, die die ältesten glagolitischen Inschriften (s. S. 39) aufweist, die in Istrien gefunden wurden. Von Plomin senkt sich die nun wieder nach Südwesten umbiegende Straße 13 km nach der Stadt Labin.

3 km von Plomin zweigt rechts eine Straße in das Innere Istriens ab, die 28 km weit über Vozilići, Kršan, Podpićan und Pićan (s. S. 31) nach Pazin (s. S. 31) führt. Die Stadt Pazin ist das Ziel eines „Abstechers ins Landesinnere", den wir von der Westküste Istriens (von Poreč) aus beschrieben haben – hier bietet sich die straßenmäßig beste Gelegenheit zu einer Durchquerung Istriens.

Labin (6500 Einw.), dessen Altstadt weithin sichtbar auf einem Hügel (322 m) liegt, war eine Siedlung der Illyrer, der die Römer den Namen Albona gaben. Noch 1420, als es nach vielfachem Herrschaftswechsel für fast 400 Jahre an Venedig kam, bedeckte das Städtchen nur die alleroberste Hügelkuppe; bis 1587 hatte es sich so weit nach unten ausgedehnt, daß der Bau einer neuen Mauer nötig wurde – sie präsentiert sich in eindrucksvoller Höhe. Von ihrer Bastion und vom alles überragenden Glockenturm aus sieht man auf den Kvarner-Golf mit den Inseln Cres und Krk und auf die Gebirge Gorski Kotar und Velebit hinter der kroatischen Küste.

Beim Gang durch die Stadt fällt auf, daß viele Gebäude Risse zeigen und Flächen, von denen der Verputz abgefallen ist; viele Gebäude sind restauriert. Schuld an dem Verfall der Stadt sind die vielen Stollen des Steinkohlenbergwerks, die vom benachbarten Raša unter den Stadthügel vorgetrieben wurden; durch Einsturz der Stollen und mangelhafte Auffüllung mit taubem Gestein entstanden so starke Bodensenkungen, daß Labin zur „sterbenden Stadt" wurde und von einem Großteil seiner Bewohner bereits geräumt werden mußte; sie wurden in die Unterstadt Podlabin am Fuß des Hügels umgesiedelt. Inzwischen scheint die Gefahr gebannt zu sein, Denkmalpfleger und Restauratoren haben viele Gebäude gerettet, und auch die Einwohnerzahl hat wieder zugenommen.

Die schönsten Bauten Labins sind die im 14. Jahrhundert im gotischen Stil erbaute und im 15. Jahrhundert im Renaissance-Stil umgeformte Marienkirche, der ihr gegenüberliegende, im 15. Jahrhundert ausgeführte Prätorenpalast, das Florianstor (16. Jh.) und die Loggia (16. Jh.), die Patrizierhäuser Palazzo Scampicchio (1570) und Palazzo Battiola-Lazzarini (18. Jh.), in dem ein Bergwerksmuseum zu sehen ist.

Die Namen der Palazzi sagen aus, daß die Oberschicht der Bevölkerung italienisch war, was sich auch in der österreichischen Zeit Istriens (1797 bis 1918) nicht änderte und schon gar nicht von 1918 bis 1945, als Istrien ein Teil Italiens war. Mit dem Ausgang des Zweiten Weltkriegs aber, der Istrien zu Jugoslawien und den

Hotel „Mimoza" in Rabac

aus Bauern und Arbeitern bestehenden kroatischen Bevölkerungsteil an die Macht brachte, zog ein Großteil der Italiener ab – in manchen istrischen Städten, vor allem im Westen, führte dieser Exodus bis zur Verödung (s. Grožnjan und Motovun, S. 26 und 27).

Das war nun zwar nicht in Labin der Fall, das sich im Gegenteil als Hauptort von Südost-Istrien kräftig entwickelte. In Podlabin am Fuß des Hügels, der die alte Stadt trägt, wurde Industrie angesiedelt, was auch dazu beigetragen hat, Labin am Leben zu erhalten.

Inf.: Turistbiro, 51 420 Labin.

⌂ „Loža".

Von Labin aus führt eine fünf Kilometer lange Stichstraße in südwestlicher Richtung zur Küste hinunter nach

Rabac (1000 Einw.), das sich dank seiner vor rauhen Winden geschützten Lage, einer schönen Bucht mit felsigen und kiesigen Stränden und seiner Einbettung in dichte Strandkiefernwälder aus einem kleinen Fischerdorf zu einem bedeutenden Badeort entwickelt hat. Die langgestreckten Flachbauten der Pavillon-Hotels und der in fünf Terrassen zurückgestufte Bau des Hotels „Mimoza" bilden mit ihrer modernen Architektur einen reizvollen Gegensatz zu der kleinen Gruppe der alten farbigen Fischerhäuser.

Inf.: Turističko društvo, 51 421 Rabac.

🚌 Lovran, Opatija, Rijeka, Pula.

🏨 Touristensiedlung „Girandela".

🏨 „Apollo"; „Fortuna"; „Hedera & Narcis"; „Istra"; „Lanterna"; „Mimosa"; Touristensiedlung „Sant' Andrea". – ⌂ „Marina"; „Mediteran"; „Primorje & Primorka".

⚓ „Oliva" (Rabac); „Tunarica" (Koromačno).

Abstecher auf die Halbinsel Koromačno

Eine weitere, von *Labin* ausgehende Stichstraße führt 17 Kilometer lang nach Süden auf einer Halbinsel entlang, die sich zwischen dem Kvarnergolf im Osten und der Raša-Bucht (sie ist gleichzeitig die Trichtermündung des Flusses Raša, s. S. 42) im Westen erstreckt.

Die Halbinsel, an deren Südspitze der kleine Fischerhafen *Koromačno* (Zementfabrik) liegt, ist dünn besiedelt; aus ihren Wäldern hebt sich der Berg *Ostri* (531 m) heraus, um den man westlich herumfährt. Bei Tiefblicken in die Raša-Bucht sieht man den Kohlenhafen *Štalije-Bršica* an der Einmündung der Raša und den Ort *Trget* zu dem eine Abzweigung hinunterführt – sonst sind die bis zum Wasser

hinab bewaldeten Uferberge ohne Haus. An der Straße liegt nur die Siedlung *Diminici* (Kirche Sveti Lovreč); von *Koromačno*, dessen Bucht von zwei Leuchttürmen flankiert ist, sieht man auf den Übergang des Kvarnergolfs in die offene Adria hinaus und zu den Inseln Lošinj (s. S. 44) und Unije (s. S. 45) hinüber. Im Süden der Halbinsel liegt der Campingplatz *Tunarica*.

*

Von Labin setzt man die Fahrt nach Pula auf der Hauptstraße fort; sie führt zunächst 5 km abwärts nach

Raša (3000 Einw.), wo die meisten Bergleute der Steinkohlen-Bergwerke *Raša* und *Krapanj* wohnen. Von den Kohlevorkommen wußten schon die Venezianer, aber sie machten nur zum Teeren ihrer Schiffe davon Gebrauch. Der Abbau begann erst 1803 durch die Österreicher im engen Tal Krapan unter jämmerlichen Arbeitsbedingungen, die immer wieder zu Streiks führten: ständige Wassereinbrüche und Stillegung der Gruben in Herbst und Winter. Als die Förderung stieg, wurde Raša durch eine Stichbahn an die Linie Divača (s. S. 56) –Pula angeschlossen und der Hafen Štalije–Bršica (s. oben) angelegt. Als die Italiener 1918 die Gruben übernahmen, kam es 1921 zu einem Aufstand der kroatischen Bergarbeiter und zur Ausrufung der ,,Republik von Labin" – italienisches Militär stellte die ,,Ordnung" wieder her. Immerhin erhöhten sich daraufhin die italienischen Investitionen: viele Bauten Rašas zeigen noch heute den Baustil des Faschismus. Seit der Übernahme Istriens durch Jugoslawien wurden die Gruben, in denen rund drei Viertel der jugoslawischen Kohle gefördert werden, modernisiert und erweitert; die tiefsten Stollen liegen zur Zeit 200 m unter dem Meeresspiegel.

10 km weiter kommt man nach der Überschreitung des einzigen größeren Flusses der istrischen Ostküste, der *Raša*, zu dem besuchenswerten Städtchen

Barban (300 Einw.), das sich einen Teil seiner mittelalterlichen Mauern und Türme bewahrt hat. Durch das *Große Tor (Vela Vrata)* kommt man zum Kastell, in dessen Nordseite die *St.-Nikolaus-Kirche* (1700) eingefügt ist mit einem *Glockenturm*, der als Unterbau einen der Kastelltürme benutzt; im Südteil des Kastells steht der *Palazzo Loredan* (1606). In der Straße, die vom Kastell zum *Kleinen Tor (Mala Vrata)* führt, erhebt sich das *Rathaus* (1555), dessen Erdgeschoß als *Loggia* ausgebildet ist, und dessen erstes Stockwerk als Kornspeicher diente.

Von Barban führt eine Makadamstraße 14 Kilometer weit nordwestlich nach Žminj (s. S. 34), das als Ziel eines ,,Abstechers ins Landesinnere" von der Westküste Istriens (von Rovinj) aus beschrieben ist.

Die letzten 28 km der Straße nach Pula führen durch Süd-Istrien, 10 km und mehr von der Küste entfernt. Der einzige größere Ort ist (14 km) *Marčana*, von dem nach Osten eine unbefestigte Straße zu den Küstenorten *Krnica* (⚑) und *Rakalj* führt.

6 km von *Marčana* zweigt wiederum nach Osten die Zufahrt zum Dorf *Valtura* ab, bei dem das für Freunde der Archäologie interessante *Vizače* liegt. Hinter diesem Ortsnamen verbirgt sich das römische *Nesactium*, eine Stadt, die ihrerseits über einer illyrischen Siedlung errichtet wurde – die Ausgrabungen, bei denen man außer römischen Resten eine illyrische Gräberstadt fand, ergaben, daß die Siedlung bis in die Bronzezeit, also ins 2. Jahrtausend v.Chr. zurückreicht.

Die Ostküstenstraße Istriens endet in

Pula (s. S. 18–19), das mit seinen wohlerhaltenen römischen Bauten, darunter vor allem dem *Amphitheater* sehr sehenswert ist. In seiner Umgebung liegen schöne Badeort wie *Zlatne Stijene*, *Verudela*, *Premantura* und *Medulin* (s. S. 35).

DIE INSELN CRES UND LOŠINJ

Von der Bucht *Brestova* (s. S. 40) setzt die Autofähre über die Meerenge *Vela Vrata* (,,Großes Tor") von dem kleinen Hafen Porozina auf die Insel Cres über (eine zweite Autofährverbindung besteht zwischen Rijeka und Porozina).

Die Insel Cres

Mit 404 Quadratkilometern ist die Insel Cres (rund 4000 Einw.) nach der um nur sechs Quadratkilometer größeren Insel Krk (s. S. 48) die zweitgrößte Insel der Adria; in der Nordsüd-Richtung ungemein langgezogen, hat sie eine Länge von 68 Kilometern, während ihre Breite zwischen zwölf und zwei Kilometern schwankt. Die Insel zieht sich vom Nordwestteil des Kvarnergolfs in südsüdwestlicher Richtung; der Nordteil von Cres liegt zwischen Istrien und der Insel Krk, der Südteil zwischen Istrien und den Inseln Rab und Pag. Der Meerenge *Vela Vrata* zwischen Istrien und Cres entspricht im Osten die Meerenge *Mala Vrata* („Kleines Tor") zwischen Cres und der Insel Krk. Die Insel Cres (und die sich ihr anschließende Insel Lošinj) liegt wie eine Barriere zwischen der offenen Adria und dem inneren Kvarner-Becken.

Die bereits in vorgeschichtlicher Zeit besiedelte Insel Cres war mit ihren vielen Buchten im Altertum ein wichtiger Stützpunkt mit Nothäfen für die Schiffahrt. Die Römer nannten sie Crepsa.

Der Norden und Osten der Insel ist, den kalten Winden der Bora ausgesetzt, kahl und unfruchtbar, im Süden und Westen dagegen werden Oliven gezogen und Schafe gezüchtet. Fremdenverkehr setzte auf Cres erst mit der Ausbreitung der Campingbewegung und des Tauchsports ein.

Von *Porozina*, wo die 77 Kilometer lange Asphaltstraße nach Mali und Veli Lošinj ihren Anfang nimmt, fährt man zunächst an Bergflanken auf- und absteigend bei dem Dörfchen *Dragozetići* an der höchsten Erhebung, dem Berg *Gorice* (650 m) vorbei und passiert dann die schmalste Stelle der Insel bei der Bucht *Veli Bok*. 24 Kilometer südlich von Porozina gelangt man zum Hauptort der Insel Cres, dem Städtchen

Cres (2000 Einw.), das an einer gut geschützten, nach Westen geöffneten Bucht (auch Fkk-Abschnitt) liegt. In seinen mittelalterlichen Mauern finden sich romanische und gotische Kirchen, Renaissance- und Barockhäuser, die Loggia und der Glockenturm (16. Jh.). Im Stadtmuseum ist eine Sammlung antiker Amphoren, die man aus dem Meer getaucht hat.

Inf.: Turistički biro, 51 557 Cres.

🚌 Rijeka, Porozina, Veli Lošinj.
🏨 „Kimen". – ⌂ „Cres".
⛺ „Kovačine".

Acht Kilometer weiter südlich zweigt rechts die Zufahrt zum Ort *Valun* (⛺) ab, der am südlichsten Punkt der Bucht von Cres liegt; im nahegelegenen *Lubenice* wächst der beste der Inselweine. Zwölf Kilometer südlich von Cres liegt an der rechten Straßenseite der

Vrana-See (*Vransko jezero*), ein fünf Kilometer langer und anderthalb Kilometer breiter, fischreicher Süßwassersee, der bis zu 70 Meter tief ist – der Seegrund liegt unter dem Meeresspiegel und ist wahrscheinlich durch unterirdische Flüsse, wie sie im Karstgebiet häufig sind, mit dem Festland verbunden. Der See dient der Wasserversorgung von Cres und Lošinj.

Kurz hinter dem Ort *Vrana* zweigt von der Hauptstraße nach rechts eine Straße ab, die zunächst südwestlich zum Küstenort *Štivan* und dann nordnordwestlich zu dem Ort

Martinšćica mit dem schönsten Strand der Insel führt (⛺ „Tiha").

An dem Ort *Belej* (links) und dem Küstenort *Ustrine* (rechts) vorbei ge-

DIE INSELN CRES UND LOŠINJ
0 — 10 Kilometer

langt man (59 km von Porozina) zu der Stadt *Osor* an der Nahtstelle zwischen den Inseln Cres und Lošinj. Dort ist aber die Insel Cres noch keineswegs zu Ende – von Osor führt eine Nebenstraße elf Kilometer weit durch den Südzipfel der Insel bis zur **Punta Križa**, auf der Höhe der im Osten gelegenen Insel Pag, die mit 59 Kilometern fast ebensolang ist wie Cres, aber noch schmäler (bis zu 1 km) und zerrissener, also buchtenreicher.

⚑ ,,Bohinić''; ,,Baldarin'' (beide Fkk).

Osor (700 Einw.) ist eine sehr alte Stadt; in der Antike soll sie 20 000 Einwohner gehabt und mit ihrem Stadtgebiet von der Insel Cres auf die Insel Lošinj übergegriffen haben. Altertumsforscher sind der Meinung, daß Cres und Lošinj früher zusammenhingen und eine einzige Insel bildeten, und daß der Durchstich, also der 150 Meter lange Graben, der sie heute trennt, von den Illyrern geschaffen und später von den Römern auf sechs bis acht Meter verbreitert worden sei. Heute führt eine Drehbrücke über den Kanal, der nach der Stadt Osor *Osorski tjesnac*, also ,,,Meerenge von Osor'' heißt. Osor, das die Zeugnisse seiner Vergangenheit in einem *Lapidarium* und einem *Museum* gesammelt hat, besitzt eine barockisierte Basilika, einen Dorfplatz mit großer Zisterne und einen von Kiefern umstandenen Strand. In der kleinen Museumsstadt werden alljährlich zu Anfang August die ,,Musikabende Osor'' veranstaltet.

Inf.: Turističko društvo Osor, 51 554 Nerezine. – ⚑.

Die Insel Lošinj

Im Gegensatz zu Cres ist die Insel Lošinj dem Fremdenverkehr schon zu Anfang unseres Jahrhunderts erschlossen worden. Sie ist 31 Kilometer lang und bis zu fünf Kilometer breit, bedeckt eine Fläche von 75 Quadratkilometern und hat rund 6000 Einwohner. Viel fruchtbarer als Cres, erlaubt das besonders milde Klima auf Lošinj neben Oliven, Gemüsen, Obst und Wein den Anbau von Heilkräutern.

Im Nordteil der Insel – südwestlich von Osor – erhebt sich die steile und felsige *Televrina* (588 m); der Aufstieg (2 Std. von Osor, aber auch Anfahrt und dann nur 1 Std.) wird durch einen herrlichen Rundblick auf die Adria, Istrien, die Kvarner-Inseln und die kroatische Küste belohnt. Man kann auch von *Nerezine* aus aufsteigen (2 Std.). einem kleinen Ort an der Inselstraße; ⚑ ,,Rapoča''.

Die beiden Hauptorte der Insel liegen (20 km von Osor) nahe der Inselsüdspitze und sind durch eine 3,5 km lange Strandpromenade miteinander verbunden. Sie heißen Mali Lošinj (Klein-Lošinj) und Veli Lošinj (Groß-Lošinj); aber Mali hat Veli längst überflügelt.

Mali Lošinj (5000 Einw.) gehört zu den großen Badeorten an der Adria. die trichterförmig sechs Kilometer tief eingeschnittene, nach Nordwesten geöffnete Bucht, an der es liegt, gilt als eine der schönsten des jugoslawischen Küstengebiets. Außerdem verfügt Mali Lošinj über sechs weitere Badebuchten in seiner Nähe, darunter (3 km) die Fkk-Bucht *Sunčana uvala* (,,Sonnenbucht''). Überall ziehen sich die Strandkiefernwälder bis zu den Ufern hinab. Während die Villenstadt mit vielen, von subtropischer Vegetation überquellenden Gärten einen Hang hinaufsteigt, bietet die Altstadt mit ihren engen Gassen das typische Bild der adriatischen Inselstädtchen. Von der alten Festung *Kaštel* und vom Glockenturm aus hat man schöne Ausblicke. Der Jachthafen (Marina) wird in der letzten Ausbaustufe 800 Boote aufnehmen können. Westlich von Mali Lošinj liegt als Hotel-Vorort an einer von den Halbinselchen *Punta Čikat* und *Punta Anuncijata* umschlossenen herzförmigen Bucht das moderne Seebad

Čikat als einer der schönsten Badeplätze der nördlichen Adria. Čikat rühmt sich, mit 2400 Stunden Sonnenschein 57 Prozent der überhaupt in einem Jahr möglichen Sonnenbestrahlung auszuschöpfen. Daß auch die Winter sehr

Veli Lošinj

milde sind, beweist die alljährliche Neujahrsveranstaltung eines internationalen Wettbewerbs im Unterwassersport (Meerwassertemperatur um diese Zeit 12 °C); den Wintergästen steht ein Hallenbad zur Verfügung.
Inf.: Turistbiro, 51 550 Mali Lošinj.

🚃 Rijeka.

🚢 Rijeka, Rab, Pula; Autofähren Pula – Zadar und Rab.

🏨 „Alhambra"; „Bellevue"; „Helios"; „Punta"; „Zadar"; „Aurora"; „Vespera" (Sunčana uvala).

⌂ „Čikat"; „Dubrovnik"; „Flora"; „Istra"; „Rijeka"; „Sarajevo"; „Slavija".

⛺ „Čikat"; „Poljana".

Ausflüge mit Motorboot zu den Inseln Rab und Susak, Drei-Insel-Fahrt Olib–Silba–Ilovik, mit Tragflügelboot nach Pula und Zadar.

Veli Lošinj (900 Einw.), die nur dem Namen nach größere Schwesterstadt, liegt an einer besonders tief eingeschnittenen Bucht der Ostküste, die dem *Kvarnerić* genannten Teil des Golfes zugewandt ist. Mit den Spuren von Verfall zeigenden schloßartigen Villen, in denen der österreichische und italienische Adel um die Jahrhundertwende – Stadt und Insel trugen damals den italienischen Namen *Lussin* – den Sommer zu verbringen pflegten, wirkt es altertümlicher als Mali Lošinj. Veli Lošinj ist eine alte Seefahrerstadt: unter dem Fußboden der *Kirche Sveti Antun* (15. Jh., im 18. Jh. barockisiert) liegen seit dem 17. Jahrhundert die Kapitäne begraben; der *Uskoken-Turm* erinnert an den Abwehrkampf der Venezianer gegen die Piraten von Senj. Auch Veli Lošinj hat mehrere Badebuchten mit Kiesstrand und Pinien. Besonders schön sind seine *Parks*, vor allem der Park der ehemaligen Villa des Erzherzogs Karl Stephan.

Inf.: Turističko društvo, 51 552 Veli Lošinj.

🚃 Mali Lošinj, Rijeka.

🏨 „Punta". – ⌂ „Doris"; „Karlovac"; „Ljubljana"; „Mignon"; „Park"; „Triglav"; „Zagreb". – ⛺ „Punta".

Die Insel Lošinj ist im Westen und Südosten von kleineren, vegetationsarmen, dünn oder gar nicht besiedelten Inseln umgeben, die sich bei Campingfreunden, Unterwassersportlern und vor allem bei Leuten, die gern ohne jede Hülle baden, zunehmender Beliebtheit erfreuen. Die größte dieser Inseln (17 km²) liegt im Westen:

Unije (300 Einw.); sie ist ein beliebtes Ausflugsziel von Mali Lošinj, besitzt einen Fkk-Strand. Südlich folgen *Groß- (Vele) und Klein- (Male) Srakane* und *Susak* (4 km² ; 1500 Einw., ⛺, s. unten). Im Südosten liegen das bergige *Ilovik* (6 mk²; 350 Einw.), *Sveti Petar* mit Resten römischer Sommervillen und eines Klosters aus dem 11. Jahrhundert, und *Orjule* (Fkk-Strand) – zu den unbewohnten Inseln werden Wasser und Lebensmittel mit Booten gebracht.

Besonders interessant ist die Insel **Susak** (300 Einw.). Sie ist geologisch interessant, weil sie – einmalig in der Adria – aus Sand und Lehm, also nicht

Mädchen auf Susak

aus Felsgestein besteht (und deshalb schöne Sandstrände besitzt) – die Steine für den Bau der Häuser mußten in Barken von der Insel Lošinj herbeigebracht werden –, und ethnologisch, weil dort noch die alte Tracht getragen wird: Mini-Röcke für die Frauen über zahllosen Unterröcken und dazu bunt gestrickte Strümpfe. Wenn man das Glück hat, gerade zu einer Hochzeitsfeier zu kommen (zu der man sofort eingeladen wird), kann man noch alte Bräuche miterleben und die Volkstänze sehen (und an ihnen teilnehmen) – die Hochzeitsfeiern werden in der Hauptsaison als eine Art Folklore-Veranstaltung mehrmals wiederholt. Da der Sandboden ideal für den Weinbau ist, war Susak wegen seines roten Inselweins berühmt. Die Weinterrassen blieben so von der Reblaus verschont, die Istrien und Dalmatien verheerte. Trotzdem spielt der Weinbau auf Susak heute keine große Rolle mehr, weil viele Bewohner nach Amerika ausgewandert sind.

Route 6: Rijeka (– Inseln Krk und Rab) – Plitwitzer Seen (131km)

In allen Badeorten Istriens und in den größeren Fremdenorten Sloweniens findet man überall Hinweise auf Ausflüge zu den *Inseln des Kvarner-Golfes* (Krk und Rab) und zu den *Plitwitzer Seen*. Beide liegen südöstlich von Rijeka vor oder hinter der kroatischen Küste und somit außerhalb des Gebiets, das ein Reiseführer „Istrien/Slowenien" umfaßt. Da sie aber zu den großen Sehenswürdigkeiten Jugoslawiens gehören, beschreiben wir sie und die Zufahrtswege zu ihnen in dieser Route.

Ob man aus Slowenien über die Straße von Ljubljana oder die von Triest anfährt, oder ob man aus Istrien über Opatija kommt – Ausgangspunkt ist immer *Rijeka*, das als Jugoslawiens größter Seehafen eine Sehenswürdigkeit für sich ist; man findet die ausführliche Beschreibung Rijekas auf den Seiten 20 und 21. Dort fahren die Schiffe zu den Inseln *Krk* (s. S. 48) und *Rab* (s. S. 48) ab, dort beginnt die *Adriaküstenstraße* (Adria-Magistrale, *Jadranska magistrala*) die die Adriaküste bis Ulcinj an der albanischen Grenze entlangführt.

Von Rijeka führt die Adriaküstenstraße durch die Vorstadt *Sušak* vorbei an der Werft in der Bucht von *Martinšćica* und an einer großen Raffinerie zur 4,5 km langen *Bucht von Bakar*, die umfahren wird. An ihr liegen das alte Seefahrerstädtchen *Bakar* (jetzt Erz- und Ölhafen) und das Fischerdörfchen *Bakarac* (⌂ Motel „Bakarac"; ⚠), bei dem lange schräggestellte Leitern vom Ufer über das Wasser ragen; von ihnen aus beobachteten einst die Fischer die Thunfischschwärme und gaben dann Alarm zum Fischzug. Am Ausgang der Bucht liegt, einen Kilometer abseits auf einer Halbinsel, das hübsche Seebad *Kraljevica* (⚠ Oštro); in der Werft des Städtchens hat Marschall Tito in seiner Jugend als Schlosser gearbeitet. Bei der Hotelsiedlung *Uvala Scott* führt die 1980 fertiggestellte 1,3 Kilometer lange Brücke zur Insel Krk (s. S. 48) hinüber.

Von hier aus ist es nicht weit in die Landschaft *Vinodol* (Weintal), eine 25 Kilometer lange und bis zu 2,5 Kilometer breite Oase entlang der verkarsteten Uferberge. Hier lag der Hauptsitz des mächtigen Adelsgeschlechts der Frankopanen, das im Mittelalter die Küsten von Rijeka bis Senj (s. unten) beherrschte.

Auf einem Kap liegt die Touristensiedlung *Kačjak*, und 37 Kilometer von Rijeka das große Seebad *Crikvenica* mit zwei Kilometer langem, sehr flach abfallendem Sandstrand, an dem sich eine breite schattige Promenade entlangzieht. Hier setzt eine Autofähre nach Šilo auf der Insel Krk über. Es folgt das kleine Seebad *Selce*. Die kroatischen Seebäder mit Sandstrand schließt *Novi Vinodolski* (meist kurz „Novi" genannt) ab (47 km von Rijeka). Die Straße zieht nun mit herrlichen Ausblicken auf Golf und Inseln am Hang des Küstengebirges *Kapela* aufwärts und senkt sich wieder zur (71 km von Rijeka) alten Stadt

Senj. Hier steht die stolz-abweisende Uskoken-Burg *Nehaj* (Fürchte nichts) – die Uskoken waren Flüchtlinge aus dem Landesinneren, die von hier aus Kleinkrieg gegen die Türken führten, aber auch Seeraub trieben (s. S. 39).

Wer mit der Autofähre zur *Insel Rab* übersetzen will, muß noch 40 km weiter durch eine einsame, aber sehr eindrucksvolle Karstlandschaft nach *Jablanac* fahren (111 km von Rijeka).

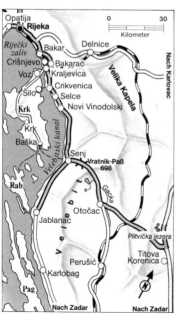

ZU DEN PLITWITZER SEEN

In *Senj* zweigt nach Osten die gut ausgebaute Straße zu den *Plitwitzer Seen* ab. Sie steigt zunächst in vielen Serpentinen zum *Vratnik-Paß* (698 m) auf – von der Paßhöhe hat man einen weiten Blick auf die Adria und die drei großen Inseln Krk, Rab und Cres. Man fährt nun über die von Bergen umstandene Hochfläche des *Gacko Polje*, in der *Otočac* an der *Gacka* liegt, einem Karstfluß, der durch einen Kanal zum Stausee von Brlog und weiter unterirdisch durch das Gebirge zum Kraftwerk Jurjevo an der Küste geleitet wird. Von Otočac fährt man noch 30 Kilometer weiter nach Osten und Norden zu den Seen (Eintrittsgebühr).

An den Plitwitzer Seen

Die Platte der *Plitwitzer Seen (Plitvička jezera)* besteht aus 16 übereinanderliegenden Seen verschiedenster Größe, die durch Wasserfälle und Kaskaden so miteinander verbunden sind, daß sich einer in den anderen ergießt. Der oberste See liegt 639 m hoch, die *Korana*, in die sich der unterste See im *Sastavci-Fall* ergießt, 483 m. Die zwölf oberen Seen, von dichtem Buchenwald umgeben, sind von stiller Schönheit, die vier unteren, zwischen senkrecht abfallenden Felswänden, wildromantisch. Der größte der 16 Seen ist der *Kozjak* unterhalb der Hotel-Kolonie, 2,5 Kilometer lang, bis zu 600 Meter breit und bis zu 49 Meter tief. Rings um die Seen, die 191 Hektar bedecken, erheben sich dichtbewaldete Berge, die alle in den 2330 Quadratkilometer großen *Nationalpark* einbezogen sind. In ihm leben noch Bären und Wölfe, Wildkatzen und Fischottern, Adler und Geier, die man auf Wanderungen zu Gesicht bekommen kann. Einzelgänger dürfen nicht von den Wegen abweichen, gebadet darf nur am Kozjak-See werden. Abgelegene Teile des Nationalparks werden als Urwald bewahrt.

Mit Ausnahme der Durchgangsstraße dürfen die Straßen im Nationalpark nicht von Kraftfahrzeugen befahren werden. Parkplätze gibt es bei den Hotels und am Campingplatz. Von der Hotelsiedlung Velika Poljana aus verkehrt ein Panorama-Buszug zu den Oberen und zu den Unteren Seen, es gibt auch Pferdedroschken. Entlang den Seen sind Fußwege und Steige angelegt, auf denen man die reizvollsten Stellen bequem erreichen kann. Über den Kozjak-See setzen Elektroboote und Barken.

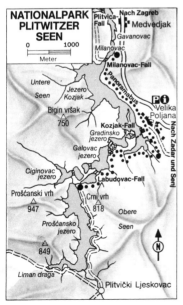

Eine besonders schöne Stelle an den *oberen Seen* sind die *Galovac-Fälle* – der eine mächtig und ungeteilt, der andere durch Felsen in viele schäumende Bänder aufgespalten. Die vier *unteren Seen* reihen sich in einer Schlucht aneinander. Der Fußweg führt an Höhlen vorbei und unter Wasserfällen hindurch, über Brücken und Tuffsteinplatten; im klaren Wasser der Seen erkennt man, daß hineingestürzte Stämme und Äste mit einer silbrigen Kalkschicht überzogen sind.

ᨒ „Jezero". – ᨒ „Plitvice"; „Bellevue". – ⛺ Medvedjak, Borje.

DIE INSEL KRK

Krk ist mit 410 Quadratkilometern die größte Insel der Adria; mit ihrer Nordspitze tritt sie bis auf einen Kilometer an das Festland heran. Hier ist Krk seit 1980 durch eine kühne, 1309 Meter lange Brücke, die in der Mitte auf dem Felseneiland Sveti Marko ruht, mit dem Festland verbunden. Über sie verläuft die Ölleitung vom Ölhafen Omišalj ins Landesinnere.

Der Ostteil der Insel besteht aus kahlen Karstbergen. Im geschützten Westen und Süden werden Mais, Getreide, Wein, Feigen und Oliven angebaut. Spezialitäten der Insel sind ihr Schafskäse und der Wein „Žlahtina" aus Vrbnik.

Der Hauptort der Insel heißt ebenfalls **Krk** (2000 Einw.) und liegt in einer Bucht der Westseite. Sehenswert sind Mauern und Türme aus dem 15. Jahrhundert, die alten Patrizierhäuser, das *Kastell* von 1197, die romanische *Domkirche* (11. Jh.), eine frühromanische *Basilika* und die Reste römischer Thermen. Krk hat Kies- und Felsstrand, aber auch das Bad „Dražica" mit flachem Strand.

Inf.: Turističko društvo, 51 500 Krk.

🏨 „Dubrava". – ⌂ „Dražica"; „Lovorka". – ⛺ „Ježevac".

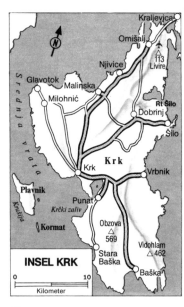

Von Krk durch eine Bucht getrennt, liegt von Weinbergen, Feigengärten und Olivenhainen umgeben
Punat (1600 Einw.) mit ausdehntem flachen Strand (Fkk-Strand „Konobe" mit Campingplatz, 3 km). Das Dorf hat eine kleine Werft und einen großen Jachthafen. In der Bucht schwimmt das Inselchen *Košljun* mit einem von den Frankopanen begründeten Kloster (12. Jh.; Museum und Bibliothek).

🏨 „Park". – ⌂ „Kostarika"; „Kvarner".

⛺ „Odmoralište FSH". – ⛺.

An der Nordküste liegen drei Siedlungen:

Omišalj (1000 Einw.), 80 Meter hoch über einer schmalen Bucht. In der Nähe entstehen ein großer Ölhafen und petrochemische Werke. – ⌂ „Adriatic".

Njivice (200 Einw.) ist ein Badeort mit einem schönen Strand und einer großen Touristensiedlung.

🏨 „Bijeli Kamnik"; „Jadran"; „Peharček". – ⛺.

Malinska (500 Einw.) hat zwei Strände und die Hotelsiedlung „Haludovo" mit einem Spielkasino.

🏨 (L) „Palace", „Ribarsko selo" (Haludovo).

🏨 „Malin". – 🏨 „Adriatic"; „Draga"; „Marina"; „Slavija"; „Tamaris"; „Triglav". – ⌂ „Jadran"; „Sirena".

An der Ostküste der Insel erhebt sich auf einem senkrecht abfallenden Felsen
Vrbnik (900 Einw.) sehr malerisch über das Meer.

⌂ „Vrbniće"; „Galeb"; „Jadranka".

Im Süden der Insel liegt schließlich
Baška (750 Einw.) am Ende einer weiten Bucht mit einem zwei Kilometer langen flachen Strand.

Inf.: Turistički biro, 51 523 Baška.

⛴ Autofähre Senj–Baška–Lopar (Rab).

🏨 „Corinthia"; „Zvonimir"; „Adria".

⌂ „Velebit"; „Baška".

⛺ „Zablaće"; „Bunculuka" (Fkk).

DIE INSEL RAB

ist eines der Prachtstücke des jugoslawischen Fremdenverkehrs. Die 90 Quadratkilometer große (22 km lange und 3 bis 10 km breite) Insel ist klimatisch begünstigt, sie ist sehr waldreich. Die Badesaison dauert hier von Anfang Mai bis Ende Oktober. Der Hauptort

Rab (1200 Einw.) liegt auf einer schmalen Landzunge zwischen dem Hafen und der *Eufemija-Bucht*. Die Wahrzeichen der Stadt sind die vier Glockentürme, von denen der höchste (26 m) als der schönste der ganzen jugoslawischen Küste gilt; er wurde 1212 von dem kroatischen Meister Radavit gebaut. Man sieht von ihm auf das Städtchen hinab, auf das Meer und die umliegende Inselwelt.

Gleich am Hafenplatz steht der *Fürstenpalast* (*Knežev dvor*) aus dem 13. Jahrhundert in venezianischer Gotik. Unweit davon ist die *Loggia*, eine von acht antiken Säulen getragene kleine Halle (16. Jh.), in der Gericht gehalten wurde. Hier beginnt die ,,*Untere Straße*" mit schönen alten Häusern, darunter dem *Nimira-Palast* mit einem spätgotischen Marmorportal. Vom *Marktplatz* gelangt man auf einem Treppenweg zur ,,*Oberen Straße*" mit der verfallenen *Johanniskirche;* ihr Glockenturm aber steht unversehrt. Hier führt ein Durchgang zum *Park Komrčar*. In der Kirche *Sveta Justina* ist das Tizian zugeschriebene Gemälde ,,Tod des heiligen Joseph" zu sehen. In der Nähe erhebt sich die Basilika *Sveti Andrija* mit ihrem Glockenturm und einem Renaissance-Portal.

Der Dom *Sveta Marija* am Domplatz stammt aus dem 11. Jahrhundert und enthält ein schön geschnitztes Chorgestühl (1445).

Ausflugsziele sind das Kloster *Sveta Eufemija* mit einem schönen Park und einem kleinen Volkskundemuseum, die Strände *Matovica* (Fkk) und *Suha Punta* mit einer Touristensiedlung, das Langusten-Gasthaus *Barbat* und der höchste Inselberg, der *Kamenjak* (408 m).

Blick auf Rab

Der andere Hauptort der Insel ist *Lopar* an der Nordspitze, das sich aus einem Fischerdorf zu einem Badeort (1300 Einw.) entwickelte, dank eines schönen, anderthalb Kilometer langen, sandigen und sehr flach abfallenden Strandes.

Inf.: Turistički biro, 51280 Rab, Trg Maršala Tita.

🚌 Lopar, Barbat, Rijeka, Zagreb.

⛴ Rijeka, Zadar; Autofähren Jablanac, Senj und Baška – Lopar, Stara Novalja (Pag).

🏨 ,,Carolina" und ,,Eva" (Suha Punta); ,,Imperial"; ,,International"; ,,Istra"; ,,San Marino" (Lopar).

🍴 ,,Barbat" (Barbat); ,,Beograd"; ,,Jadran" und ,,Mira" (Lopar); ,,Kontinental" (Banjol); ,,Slavija".

⛺ Banjol, Lopar.

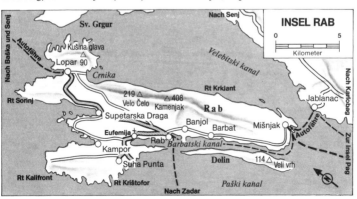

Route 7: Wurzenpaß – Ljubljana – Opatija/Rijeka (225 km)

Das Haupteinfallstor für motorisierte Reisende aus Deutschland und Österreich nach Jugoslawien ist der **Wurzenpaß** (*Korensko sedlo*); er ist mit 1073 m der niedrigste der Karawankenpässe und wird auch im Winter immer offengehalten (für Wohnwagen gesperrt, Umweg über Arnoldstein, Tarvisio, Fusine/Rateče). Nach dem Überschreiten der österreichisch-jugoslawischen Grenze auf der Paßhöhe erreicht man nach 3 km bis zu elfprozentigen Gefälles das alte Dorf **Podkoren** (*Wurzen*, 847 m, 500 Einw.). ⌂ „Vitranc".

Abstecher nach Planica (3 km)
Der kleine Ort ist durch seine *Skiflugschanze* weltbekannt geworden: 1934 stellte auf ihr der Norweger Birger Ruud den damaligen Weltrekord von 92 m auf, 1935 überbot der Österreicher Sepp Bradl die „Traumgrenze" von 100 m um einen Meter – 1969 stand der Ostdeutsche Manfred Wolf die Weite von 165 m. Planica liegt an der Straße *Podkoren–Tarvisio* (Italien) 870 m hoch nahe dem Dreiländereck, wo am 1509 m hohen Berg *Peč* (1509 m) Jugoslawien, Österreich und Italien zusammenstoßen. Im Planica-Tal entspringt die *Save (Sava)*, die sich auf ihrem Weg durch Slowenien, Kroatien und Nordserbien zu einem mächtigen Fluß entwickelt, der bei Belgrad in die Donau mündet.
⌂ „Planica"; „Gorjenka".

Von *Podkoren* erreicht die Hauptstraße nach 3 km das Dorf **Kranjska gora** (*Kronau*, 810 m, 1200 Einw.), das nicht nur eine beliebte Sommerfrische, sondern mit drei Sessel- und elf Schleppliften auch Wintersportort geworden ist. Von hier führt eine Straße durch Westslowenien nach Triest und Istrien, deren genauen Verlauf wir in unserer Route 8 (s. S. 55–57) beschreiben.
Inf.: Turistično društvo.
🏨 „Larix"; „Lek".
🏨 „Alpe Adria"; „Kompas"; „Prisank". – ⌂ „Erika"; „Porentov Dom"; „Razor"; „Slavec".

Die Hauptstraße nach Ljubljana führt im Tal der *Wurzener Save* abwärts zum Dorf *Gozd Martuljek* (⌂ „Špik"; ⛺), von dem aus man zu dem 1000 m hoch gelegenen Bergdorf *Srednji vrh* mit schönem Karawanken-Blick hinauffahren kann (3 km).
9 km weiter an der Hauptstraße liegt **Mojstrana** (*Meistern*, 700 m, 900 Einw.; ⌂ „Kepa"; „Triglav"), das einen

Abstecher ins Vratatal (13 km)
ermöglicht. Die unbefestigte Straße mit Einbahnverkehr führt im *Vratatal* aufwärts am *Peričnik-Wasserfall* vorbei bis zum 400 m höher gelegenen Berghotel *Aljažev dom*. Von hier aus läßt sich in 5 bis 6 Stunden der *Triglav* (Dreikopf) besteigen, der mit 2863 m der höchste Gipfel der Julischen Alpen und Jugoslawiens ist. Der Rundblick reicht bis zu den Hohen Tauern im Nordwesten, den Dolomiten im Westen, dem Golf von Triest im Südwesten und dem Golf Kvarner mit der Insel Krk im Süden.

Die Hauptstraße erreicht (29 km vom Wurzenpaß) die Industriestadt **Jesenice** (*Aßling*, 585 m, 18 000 Einw.) mit ihren großen Eisenwerken. Der Ort ist die erste jugoslawische Station der von Kärnten durch den Karawankentunnel führenden Eisenbahn.
⌂ „Korotan"; „Pošta". – ⛺.

Die Hauptstraße führt nun am *Save-Stausee* mit einem Kraftwerk vorbei. 13,5 km hinter Jesenice führt kurz vor dem Dorf *Lesce* (⛺) rechts eine Straße ab zu zwei der schönsten Gebirgsseen Sloweniens:

Abstecher zum See von Bled (4 km) und zum Wocheiner See (34 km)
Hauptort des *Sees von Bled (Blejsko jezero)* ist das Städtchen **Bled** (*Veldes*, 501 m, 5200 Einw.). Bled ist der gemeinsame Name für fünf Dörfer, die um den See herum liegen und fast schon zusammengewachsen sind. Die meisten Hotels stehen am Ostufer, am Südufer liegt eine ehemalige Sommerresidenz des Staatspräsidenten Marschall Tito, die vor einigen Jahren zum Hotel „Vila Bled" wurde. Der See ist etwa 2 km lang und 1 km breit; da er von warmen Quellen gespeist wird, steigt seine Wassertemperatur im Sommer bis zu 25°C an. Auf einem Inselchen mitten im See liegt die barocke Wallfahrtskirche *„Unsere liebe Frau auf der Insel"* (*Mati Božja na otoku*); auf einem senkrecht hochschießenden Felsen liegt 100 m über dem See das *Alte Schloß*.
Der wegen seiner landschaftlichen Schönheit und seines milden Klimas vielbesuchte Kurort (Thermalbäder) bietet reiche Möglichkeiten für Sport und Unterhaltung. Nahe Ausflugsziele

sind der Panorama-Berg *Straža* (646 m, Sessellift), der noch aussichtsreichere Berg *Babji zob* (Weiberzahn, 1128 m), die von dem Wildbach *Radovna* geschaffene *Vintgarklamm* (Rotweinklamm) und das *Pokljuka-Plateau* (1250 m), ein weites Almengebiet, zu dem eine Fahrstraße hinaufführt (⌂ „Športhotel Pokljuka", „Dom Jelka", „Pri Mari"). Ein beliebtes Skigebiet ist der *Zatrnik* (Sessellift, 4 Schlepplifte). *Inf.*: Turistično društvo, 64 260 Bled.

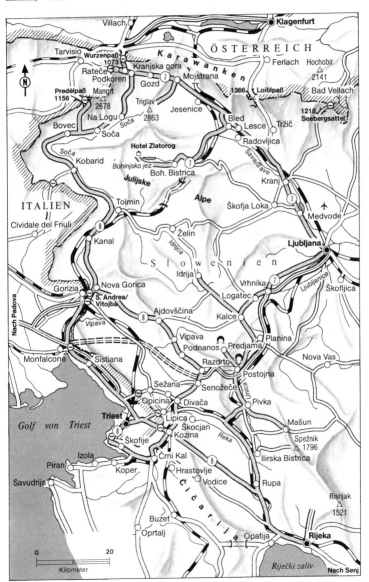

Der See von Bled

Reisebüros: „Generalturist", „Kompas".
🚆 Bahnhof Lesce-Bled; Nebenstrecke Jesenice–Nova Gorica–Triest.
🚌 Jesenice, Bohinj, Lesce, Ljubljana, Villach.
⛷ 5 Lifte im Skigebiet Zatrnik.
🏨 „Golf" (Hallenbad); „Jadran"; „Toplice" (Thermalhallenbad); „Trst"; „Park".
🏨 „Lovec"; „Jelovica" (5 Häuser); „Kompas"; „Krim". – ⛺ „Bledec".
⛺ „Zaka"; „Sobeč" (4 km).

Man fährt nun am Südufer des *Bleder Sees* entlang und im engen Waldtal der *Wocheiner Save* (*Savinja bohinjka*) aufwärts zum

Wocheiner See *(Bohinjsko jezero)*. Dieser von steilen Felswänden umstandene See ist etwas größer als der Bleder See und wird von der *Savica* gespeist, die aus einer Felswand 60 m im freien Fall herabstürzt. Am Ausfluß der *Wocheiner Save* aus dem See steht die malerische Johannes-Kirche *Sveti Janez* aus dem 14. Jahrhundert. Die Hotels liegen im Halbkreis um den See verstreut oder in *Bohinjska Bistrica* (*Wocheiner Feistritz*).

Am Westende des Sees liegt die Talstation der Gondelbahn, die zum Hochplateau des *Vogel* (1535 m) hinaufführt; zwei Sessel- und vier Schlepplifte erschließen dort ein Skigebiet, das über 1900 Meter hinaufreicht.

Sehr lohnend ist eine Wanderung in den *Triglav-Nationalpark*, in das Reich des *Zlatorog*, des legendären Gamsbocks mit den goldenen Krickeln. Man steigt dazu in einem Tal aufwärts, in dem der Gletscher der Eiszeit bei seinem Abschmelzen *sieben kleine Seen* zurückgelassen hat und das im Bogen um das eindrucksvolle *Triglav-Massiv* herumführt.

Inf.: „Turist Bohinj", 64 264 Bohinjska Bistrica.
🚆 Nebenbahn Jesenice–Bled–Bohinjska Bistrica–Nova Gorica–Triest.

🚌 Bohinjska Bistrica, Bled, Lesce, Ljubljana, Villach.
⛷ Vogel (Gondelbahn auf 1535 m); 2 Sessellifte, 6 Schlepplifte.
🏨 „Bellevue"; „Zlatorog"; „Ski-Hotel" (Vogel).
🏠 „Jezero"; „Pod Voglom"; „Stane Žagar"; „Triglav".
⛺ „Mladinski dom".
⛺ „Mladinski dom"; „Zlatorog".

*

Bei der Weiterfahrt auf der Hauptstraße von Lesce aus erreicht man zunächst das Dorf *Radovljica* (⛺), bei dem sich die *Wurzener* und die *Wocheiner Save* vereinigen, und dann die Stelle, wo von links her die vom Loiblpaß herabkommende Straße einmündet. Der

Loiblpaß (*Ljubelj*; 1368 m), über den die Straße von Klagenfurt nach Ljubljana die Karawanken überquert, weist kurz vor der Paßhöhe so steile Straßenstücke auf, daß man einen 1,7 km langen Tunnel baute, in dem der Paß unterfahren wird. Die Paßstraße wurde 1728 im Zuge eines Saumweges gebaut, den schon die Römer benutzten. Neben der Südrampe erhebt sich ein Denkmal für die Zwangsarbeiter, die beim Bau des Tunnels während des Zweiten Weltkriegs ums Leben kamen; sie waren Außenstelle des Konzentrationslagers Mauthausen.

Ein Sessellift führt hoch zum Wintersportgebiet *Zelenica* (1660 m) mit drei Hotels („Kompas garni", „Panorama", „Dom na zelenici").

Die Straße führt hinunter nach

Tržič (*Neumarktl*; 515 m, 4800 Einw.), einem Städtchen, das sich rühmt, der verhältnismäßig höchstindustrialisierte Ort in hochindustrialisierten Slowenien zu sein – über zwei Drittel seiner Einwohner sind in Fabriken oder Handwerksbetrieben tätig.
🏠 „Pošta". – ⛺.

*

Die Hauptstraße läßt nun allmählich das Hochgebirge hinter sich und führt durch das slowenische Hügelland, in dem als erste größere Stadt

Kranj (*Krainburg*, 385 m, 22 000 Einw.) eingebettet liegt. Da alle Wege zu den Karawanenübergängen durch sie führen, war die über der Einmündung der *Kokra* in die *Save* gelegene kleine Keltensiedlung für die Römer strategisch wichtig: sie erbauten den Stützpunkt *Carnium*. Im Mittelalter wurde Kranj ein so bedeutender Handelsplatz,

daß das Land in weitem Umkreis nach ihm *Kranjsko polje*, daher ,,Krain", benannt wurde. Hier mündet eine dritte Zufahrt aus Österreich ein – die von Völkermarkt ausgehende Straße über den *Seebergsattel (Jezerski vrh)*.
⍥ ,,Creina"; ,,Evropa"; ,,Jelen"; ,,Stretno".

Man kann nun direkt (Motel ,,Medno", 10 km vor Ljubljana) nach Ljubljana (25 km) fahren oder den lohnenden

Umweg über Škofja Loka (8 km)

machen. Das Städtchen *Škofja Loka* (*Bischoflack;* 3400 Einw.) ist eines der ältesten und altertümlichsten Sloweniens. Von weitem sieht man die Ruine der *Burg Krancl* auf dem Burgberg; eine mittelalterliche Steinbrücke über die *Sora* führt in die Altstadt, deren Geburtsurkunde 973 datiert ist. Damals gab Kaiser Otto II. Loka den Bischöfen von Freising (Bayern) zu Lehen. Die Mehrzahl der Häuser stammt aus den Jahrzehnten nach 1511, als ein Erdbeben die Vorgängerstadt vernichtete – nur die Stadtmauern aus dem 14. Jahrhundert blieben stehen und sind teilweise erhalten. Im Museum sind schöne Beispiele slowenischer Volkskunst zu sehen.
⍥ ,,Krona"; ,,Transturist".

*

Am *Save-Stausee* bei *Medvode* und am Motel bei *Medno* vorbei fährt man durch die Industrie-Vorstadt *Šentvid* in

Ljubljana, 88 km, ein, das auf den Seiten 16 und 17 beschrieben ist. Man kann die slowenische Hauptstadt auch auf einer Umgehungsautobahn umfahren und kommt dann ebenso wie auf der Ausfallstraße Tržaška cesta (Triester Straße) auf die Autobahn, die einmal bis Triest führen soll. Sowohl auf der Autobahn als auch auf der gut ausgebauten alten Straße durchfährt man das fast in seiner ganzen Ausdehnung trockengelegte *Laibacher Moor* (s. S. 17) und tritt in den Karst ein – dieser Eintritt in ein geologisch von dem bisher durchfahrenen grundverschiedenes Gebiet geht ganz langsam vor sich: Die Flecken, an denen das weiße Karstgestein durch die Humusschicht tritt, werden allmählich größer, das Wald wird niedriger und geht schließlich in Buschwald über. Unter der Erde ziehen sich Höhlen hin, in denen unterirdische Wasserläufe fließen. Der erste größere Ort (20 km vor Ljubljana) auf Karstboden ist das Städtchen

Vrhnika (296 m, 3500 Einw.). Die Römer hatten hier an der Ljubljanica den Flußhafen Nauportus angelegt. Ein Fußweg führt zu den Quellen des Flusses, die eigentlich starke Schüttungen sind – er tritt nach unterirdischem Verlauf fertig zutage, und wir werden ihm auf der Weiterfahrt wieder begegnen. – ⌂ ,,Mantova".

Von Vrhnika steigt die Straße nach **Logatec** (498 m; 2100 Einw.; ⌂ ,,Krpan") an, dem einstigen römischen Straßenposten Longatinum, und erreicht *Kalce*, wo rechts eine Straße nach Nordwesten zum Sočatal (s. Route 8, S. 55) hinüberführt. Auf ihr kann man einen Abstecher nach *Idrija* (23 km) machen. Seit dem Ende des 15. Jahrhunderts wird dort Quecksilber abgebaut. Außerdem ist Idrija bekannt durch seine Klöppelspitzen, die noch heute nach Mustern aus der Renaissancezeit hergestellt werden. ⌂ ,,Nanos".

Südlich von Kalce durchquert man das *Planinsko polje*, ein Karstbecken, das nach starkem Winterregen einen sieben Kilometer langen See bildet. Es wird vom Fluß *Unica* durchflossen, der einer Höhle entspringt und am Nordrand des Beckens in mehreren Schlucklöchern verschwindet. Am Rand des Ljubljansko barje (Laibacher Moot) tritt er in mächtigen Karstquellen wieder zutage.

Straße und Autobahn (40 km von Ljubljana) erreichen nun das Städtchen

Postojna (*Adelsberg*); 554m; 5000 Einw.) mit der weltberühmten

Adelsberger Grotte (*Postojnska jama*), die zu den größten Sehenswürdigkeiten Jugoslawiens gehört. Von dem Grottenlabyrinth sind insgesamt 23 Kilometer erforscht. In einem Wasserbecken kann man Grottenolme (Porteus anguinus) sehen, augenlose Schwanzlurche, die nur noch in den Karsthöhlen Südosteuropas vorkommen. Die Hauptattraktion sind die zahllosen, in vielen Farben schimmernden Tropfsteine, die durch Verdunstung tropfenden kalkreichen Wassers entstehen.

Der Eingang zur Grotte ist einen Kilometer von der Ortsmitte Postojnas entfernt. Da in der Grotte jahraus, jahrein nur eine Temperatur von acht Grad herrscht, empfehlen sich Strickjacke oder Mantel (Verleih am Eingang) und eine Kopfbedeckung gegen Tropfwasser. Die Besichtigung, die nur mit Führung möglich ist, dauert anderthalb bis zwei Stunden. Die Besucherzahl hat die 18-Millionen-Marke überschritten.

Neben dem Felsentor, durch das man die Grotte betritt, fließt ein Bach hinein, die *Pivka;* wenn sie bei Planina wieder zutage tritt, heißt sie *Unica* (s. S. 53) – Karstflüsse spielen gern „Wechselt-die-Namen". Man besteigt die elektrische Grottenbahn (2,5 km) mit ihren offenen Wagen und fährt durch einen Tunnel zunächst in den geräumigen *Kongreßsaal* – der ehemalige „Tanzsaal" heißt so, seitdem 1965 hier ein Kongreß der Höhlenforscher abgehalten wurde. Beim 40 Meter hohen *Großen Berg* steigt man aus und wandert mit einem Führer auf einem vier Kilometer langen Weg weiter. Die „Russische Brücke" führt in den Gang der „Schönen Höhlen", die reich an bunten Tropfsteinbildungen, steinernen Vorhängen und kristallienen Wasserbecken sind. Durch den *Gang der Brillanten*, der seinen Namen von einem riesigen Stalagmiten hat, und vorbei an einem Wasserbecken mit Grottenolmen erreicht man den 40 Meter hohen und 3000 Quadratmeter weiten *Konzertsaal*, in dem der guten Akustik halber Konzerte veranstaltet werden. Unter dem Konzertsaal besteigt man wieder den Grottenzug, der zum Eingang zurückführt. Man steigt im „Großen Dom" (45 m lang, 30 m breit, 14 m hoch) aus, wo der unterirdische Pivkafluß verschwindet.

Die Schwärzung mancher Decken rührt nur zum Teil davon her, daß man früher die Grotte mit schwelenden Fackeln besichtigte; Hauptschuld daran trägt ein Ereignis des Zweiten Weltkriegs: Partisanen, die durch die „Schwarze Grotte" eingedrungen waren, zündeten hier ein deutsches Treibstofflager an, das acht Tage lang brannte.

Inf.: Turistično društvo, 66230 Postojna.

🚂 An der Strecke Ljubljana–Rijeka.

🚌 Bahnhof, Grotte und Umgebung.

🏨 „Jama" (am Höhleneingang); ,,Kras"; ,,Šport"; ,,Proteus" (Motel am südlichen Ortsausgang).

⛺ ,,Pivka jama" (4 km).

Abstecher von Postojna zur Burg Predjamski grad (9 km)

Beim Dorf *Predjama* („vor der Höhle", deutsch *Luegg*), am Ende eines Tales (Motel „Erazem", 6 km von Postojna), erhebt sich eine hohe schroffe Felswand, in ihr gähnt der Riesenschlund einer Karsthöhle. Vor dem Schlund und halb in ihm hinein wurde 1570 die Burg *Predjamski grad* gebaut. Heute geht man eine in die Felsen gehauene Straße hinauf, früher war die Burg ebenso unzugänglich wie unbezwinglich. Aber selbst im Falle der Erstürmung konnten die Verteidiger entkommen: eine Stiege führte in die Höhle hinein zu einem Kamin, in dem man hinaufklettern kann. Die Legende erzählt, der Ritter Erasmus Luegger habe Belagerern hohnvoll frische Kirschen zugeworfen, die er mit anderem Proviant über den geheimen Fluchtweg aus dem weitentfernten Dorf *Vipava* erhalten

Predjamski grad

habe. Man kann die originelle Burg besichtigen: ein kleines Museum enthält Funde aus der mehrstöckigen Höhle, die schon Menschen der Steinzeit als Unterschlupf diente.

*

2 km südwestlich von Postojna teilt sich die Straße: rechts geht es nach *Triest* oder, von *Divača* nach Süden abzweigend, über *Koper* nach West-Istrien, links nach *Opatija/Rijeka*.

Auf der letzteren überquert man das Flüßchen *Pivka*, das später in der Adelsberger Grotte verschwindet (vgl. *Ljubljanica* und *Unica* S. 53); links voraus erscheint der *Snežnik* (1796 m), der „Krainer Schneeberg", von dem man eine umfassende Aussicht hat (Zufahrt 21 km vom Dorf *Pivka*).

Im Tal der Reka abwärts erreicht man **Ilirska Bistrica** (*Illyrisch-Freistritz*; 3700 Einw.; 🏨 ,,Lovec"; ,,Turist"). Zwölf Kilometer weiter südlich verläßt man Slowenien und fährt in Kroatien ein. Bei *Rupa* mündet von rechts die Straße von Triest nach Rijeka. Nun geht es in ständigem Abstieg durch verkarstetes Hügelland nach *Matulji* (212 m, s. S. 38) und in Serpentinen mit herrlichen Ausblicken auf den Kvarnergolf zur Straßengabel: rechts Opatija (s. S. 36), links Rijeka (s. S. 20).

Route 8: Kranjska gora – Triest/Rijeka/Koper (251/217 km)

Neben der Hauptstraße vom Wurzenpaß über Ljubljana nach Opatija/Rijeka (Route 7, s. S. 50) führt durch Westslowenien eine Straße nach Triest, Westistrien und Rijeka, auf der man zwar nicht so schnell vorankommt wie auf der über Ljubljana führenden und auch etwas längeren, dafür ist sie aber weniger befahren und landschaftlich besonders reizvoll. Sie hält sich stets nahe der Grenze zu Italien und nimmt alle von dort kommenden Zufahrtstraßen auf.

Die westslowenische Straße beginnt in dem Dorf *Kranjska gora* (Kronau, 810 m, s. S. 50) 6 km südlich des Wurzenpasses und steigt sofort in dem von Zweieinhalbtausendern umstandenen Tal der *Pišnica* den *Vršič sedlo* (Werschetzpaß) bis 1611 m hinauf. Die 21 km lange Paßstraße (Nordrampe 13 km mit 24 Kehren, Südrampe 8 km mit 16 Kehren) ist auf den höchstgelegenen 10 km nicht asphaltiert; wohl aber sind die Kehren gut ausgebaut und gepflastert. Die Straße, die durch Lärchenwälder aufwärtsführt und immer neue Ausblicke in eine großartige Hochgebirgslandschaft eröffnet, wurde im Ersten Weltkrieg von österreichischen Pionieren und russischen Kriegsgefangenen als Nachschubstraße für die heißumkämpfte Isonzofront (12 Schlachten zwischen Juni 1915 und Oktober 1917) gebaut. Das letzte Straßenstück vor der Paßhöhe weist Steigungen bis zu 12 Prozent (an einer Stelle sogar 21 Prozent) auf. Vom Paß, der eine Wasserscheide zwischen dem Mittelmeer und dem Schwarzen Meer ist, hat man einen schönen Tiefblick in das grüne *Trentatal*. Von der letzten Kehre der Südrampe führt rechts ein Sträßchen zur *Quelle der Soča*, die wir besser unter ihrem italienischen Namen *Isonzo* kennen.

Die Straße führt nun neben der intensiv türkisfarbenen Soča im zuweilen klammartigen Trentatal abwärts zu dem Bergsteigerort *Na Logu* (622 m), wo man im *Alpengarten "Juliana"* die Flora der Julischen Alpen in etwa 900 Arten beisammen findet; von hier führt der kürzeste Aufstieg zum Gipfel des *Triglav* (2863 m, des höchsten Berges Jugoslawiens (vgl. S. 50 u. 52).

Durch das wegen seiner Forellen berühmte Dörfchen *Soča* erreicht man (44 km von Kranjska gora) das Städtchen *Bovec* (*Flitsch;* 483 m; 2000 Einw.; ☇ auf den Kanin, 2585 m, weites Skigebiet; ⚠). Kurz vorher mündet von rechts die von *Tarvis* über den *Predelpaß* (1156 m) kommende Straße ein.

Abstecher zum Mangartpaß (Mangrtsko sedlo, 27 km)

Man fährt von *Bovec* die 18 km lange Straße zum *Predelpaß* im Tal der *Koritnica* hoch, wobei man an der alten Sperrfestung *Kluže* und an dem malerischen Dorf *Log pod Mangrtom* (650 m) vorbeikommt. 1 km unterhalb der Predel-Paßhöhe zweigt rechts die *Mangart-Hochalpenstraße* ab, die in Serpentinen und an Steilhängen, auf Stützmauern und durch Tunnels in 10 km den Mangartpaß (2072 m) erklimmt; von dort aus kann man in 1½ bis 2 Stunden den *Mangart* (slow. *Mangrt;* 2678 m) ersteigen, einen überragenden Aussichtsberg.

Bei der Weiterfahrt im Tal der Soča abwärts nimmt die Landschaft allmählich mittelmeerischen Charakter an: der Hochwald wird zu Buschwald, die Hausform verändert sich, im Dörfchen *Trnovo* (320 m) steht als erster Vorbote südlicher Vegetation blühender Oleander Spalier.

Kobarid (235 m, 20 km von Bovec), in dessen Nähe man noch deutlich Stellungen aus dem Ersten Weltkrieg erkennt, ist den Italienern als *Caporetto*, den Deutschen und Österreichern als *Karfreit* bekannt. Hier erfolgte im Oktober 1917 der Durchbruch durch die italienische Isonzofront – er führte entlang der 43 km langen Straße aus den Bergen hinaus in die Friaulische Ebene zur italienischen Stadt Udine.

Im Trentatal

Kanal an der Soča

81 km von Kranjska gora erreicht die westslowenische Straße das aus einer Terrasse über der Soča erbaute Städtchen

Tolmin (*Tolmein*, 201 m, 2000 Einw.; ⌂ „Krn"), wo eine 106 km lange, durchgehend asphaltierte Straße nach Ljubljana abzweigt; sie führt im Tal der *Idrija* entlang zur Quecksilber-Bergwerkstadt *Idrija* (s. S. 53) und danach zur Autostraße *Ljubljana–Postojna* (Adelsberger Grotte); von der Einmündungsstelle sind es nach Postojna 19 km, nach Ljubljana 24 km.

Die westslowenische Straße läuft im Tal der Soča weiter nach Süden zum malerischen Dorf *Kanal*, wo der Weinbau beginnt (⌂ „Neptun"; ⚠), und von dort nach

Nova Gorica (*Neu-Görz*). Bis 1947 war es östlicher Vorort der italienischen Stadt *Gorizia;* seitdem hat es sich zu einer eigenständigen Stadt entwickelt, die schon 15000 Einwohner zählt. Ihre Sehenswürdigkeit ist das alte Franziskanerkloster *Kostanjevica* mit der Grabstätte Karls X. von Frankreich; dieser letzte Bourbone, Bruder Ludwigs XVI. und Ludwigs XVIII., war nach sechsjähriger Regierung durch die Pariser Juli-Revolution von 1830 gestürzt worden; er fand Zuflucht in Görz, wo er 1836 an der Cholera starb. Neben ihm liegen zwei Herzöge und eine Hofdame bestattet, die ihm bis in den Tod die Treue hielten.

⌂ „Park"; „Sabotin".

In Nova Gorica muß man eine Entscheidung über die Weiterfahrt treffen:

1. Man kann über italienisches Gebiet nach *Triest* fahren (46 km; s. S. 14/15); nach 21 km trifft man auf die Autostrada Venedig–Triest oder man nimmt die Küstenstraße, die an Schloß Duino und Schloß Miramare vorbeiführt.

2. Man kann die westslowenische Straße weiterverfolgen, und in einem weit nach Osten ausholenden Bogen Triest umfahren. Dazu biegt man in *Nova Gorica* aus der bisherigen Nord-Süd-Richtung in die West-Ost-Richtung um und fährt am felsigen Steilabfall des ausgedehnten Waldes von *Trnovo* entlang (26 km) zum Dorf

Ajdovščina (*Haidenschaft*; 103 m, 2900 Einw.); da es in einer Karstdoline liegt (dolina ist das slowenische Wort für „Tal" und bedeutet hier einen oasenartigen Karstkessel), ist die Umgebung fruchtbar und vor allem obstreich. Das gleiche trifft zu auf das sieben Kilometer südöstlich gelegene

Vipava (1500 Einw.), das wegen seiner Weinkellerei bekannt ist; der deutsche Name des Dorfes lautete „Wippach an der Wippach".

Nun geht es, leicht ansteigend, am Westrand der *Hrušica*, des „Birnbaumer Waldes", entlang, bis nach 6 km das altertümliche Städtchen

Podnanos (*St. Veit*) erreicht ist, das vom Berg *Nanos* (963 m, an seinem Nordostabfall liegt die Burg *Predjamski grad*, s. S. 54) überragt wird.

Auf 9 km Länge steigt nun die Straße an den Abhängen des Nanos bis zu einer Höhe von 600 m auf und gelangt zu dem an der Südspitze des Birnbaumer Waldes noch 577 m hoch gelegenen Ort *Razdrto*. Hier stößt man auf die große Straße, die von *Ljubljana* über *Postojna* nach *Triest* oder nach *Koper* führt und deren Verlauf bis Postojna wir in unserer Route 7, S. 50–54 beschrieben haben. Bis hierhin ist auch die Autobahn Vrhnika–Triest fertiggestellt. Dieser Straße folgt man nun 6 km nach Südwesten bis zum Dorf

Senožeče, wo sich die Straße teilt: in Westrichtung zieht sie über Sežana nach Triest, in Südwestrichtung, der wir folgen, zu dem Dorf

Divača, das ein wichtiger Eisenbahnknotenpunkt ist: von den Linien *Ljubljana–Triest* und *Rijeka–Triest* zweigt hier die Istrien in seiner Mitte durchziehende Bahnlinie nach *Pula* ab. Divača bietet ferner den für Pferdefreunde interessanten

Abstecher nach Lipica. Man fährt entweder westnordwestlich nach *Sežana*

und von dort nach Süden oder südwestlich nach *Lokev* und von dort nordwestlich zum Staatsgut **Lipica**, der Heimat einer der berühmtesten Pferderassen, der Lipizzaner. Das Gestüt wurde 1580 von den Habsburgern auf einem 300 Hektar großen, parkartigen Gelände (lipa = Linde) gegründet; bei der Wahl dieses Ortes spielten Klima und Bodenverhältnisse eine entscheidende Rolle. Die auf den Weiden von Lipica (ital. Lipizza) aufgezogenen kraftvollen Schimmel wurden zur Hofreitschule in Wien gebracht und dort im spanisch-barocken Stil der Zeit zugeritten. Ihre Vorführung der Hohen Schule mit Piaffen und Levaden, Kurbetten und Kapriolen bildet noch heute eine der größten Sehenswürdigkeiten Wiens. Die Lipizzaner, die jetzt in Wien zu sehen sind, stammen allerdings nicht mehr aus Lipica; der Verlust Sloweniens nach dem Ersten Weltkrieg zwang die Wiener Hofreitschule, ein neues Gestüt in Piber in der Steiermark einzurichten. Mit einigen in Lipica verbliebenen Pferden setzte Jugoslawien nach dem Zweiten Weltkrieg (zwischen den Kriegen war der Ort italienisch) die Zucht fort – heute tummelt sich wieder eine ganze Herde von Stuten mit ihren dunkelhaarigen Fohlen auf den Koppeln, und in den Laufboxen stehen prachtvolle Hengste. Man kann Dressuren sehen und selbst reiten.
⌂ „Hotel Maestoso"; „Club Hotel".

Fährt man nun von Divača auf der Straße nach Koper in südlicher Richtung weiter, so zweigt nach 3 km eine Nebenstraße nach links ab, die in 2 km zum Eingang des neben der Adelsberger Grotte zweiten großen und erschlossenen Karsthöhlensystems Sloweniens führt, zur

Škocjanska jama, den Höhlen und Katarakten von St. Kanzian; ursprünglicher und weit weniger besucht als die Adelsberger, sind die Kanzianer Grotten doch kein geringeres Erlebnis. Auf einem etwa zweistündigem Fußmarsch über Steige, die zum Teil in den Fels gehauen sind, über Stiegen und Brücken folgt man dem unterirdischen Lauf des Flusses *Reka*, bis er in unzugänglichen Schlünden gänzlich verschwindet und erst nach 35 km unter dem Namen *Timavo* am Golf von Triest zwischen Monfalcone und Duino wieder zutage tritt. Die Reka hat riesige Höhlen ausgewaschen, tiefe Klammen gegraben und Katarakte gebildet, durch und über die sie immer weiter in die Tiefe stürzt. Man begleitet ihren Lauf vom Höhleneingang an, steigt durch die Grotte *Tiha jama* ab, kommt zwischen Tropfsteinen hindurch in die *Riesentorklamm*, die man schließlich auf einer Brücke überschreitet – hoch über der Reka, die reißend in fünf Wasserfällen durch die Schluchten der Unterwelt tobt. Durch den tosenden Fluß ist in den Höhlen von St. Kanzian alles viel wilder, unheimlicher und urwelticher als in Postojna-Adelsberg.

An der Straße nach Koper folgt nun **Kozina** (⌂ „Motel Kozina"; ⚔), wo man die Straße Triest–Opatija/Rijeka kreuzt. Da dieser Straßenzug als Nordbegrenzung von Istrien gilt, tritt man hier in die Halbinsel ein und gleichzeitig in ein Karstgebiet, das vom südlich gelegenen Massiv *Slavnik* (1028 m) beherrscht wird. Es ist eine besonders charakteristische Karstlandschaft: in Jahrhunderten wüsten Raubbaus wurden die Wälder abgeholzt, vor allem durch die Venezianer, die Hunderttausende von Stämmen für die Pfahlroste brauchten, auf denen sie ihre Paläste und Kirchen über dem Sumpfgrund der Lagune errichteten, für Gerüste und Gebälke und für ihre Schiffswerften. Regengüsse schwemmten dann die Humusschicht weg und den Rest trug die heftig wehende Bora, der aus dem Landesinnern kommende Fallwind, fort. Da es wenige Quellen gibt, wird das spärliche Regenwasser in Zisternen aufgefangen. In oasengleichen Dolinen aber ist genug Erde zurückgeblieben, daß dort Reben und Feigen, Mais und Gemüse gedeihen. Die Bauern sind darauf bedacht, Stein um Stein zu Mäuerchen zusammenzutragen, die fast mannshoch die Felder umgrenzen, damit nicht durch Sturmwind und Wasserflut weitere Erdkrume verloren geht, und auch damit die Ziegen nicht an die Kulturen gelangen können.

Ein weiteres Karstphänomen sind die steilen Bruchränder, in denen dieses Karstgebiet zum Hügelland von Koper abfällt – bei *Črni Kal* bricht der Karst 300 m tief ins Tal der *Rižana* ab; die Straße folgt dem Abbruch in Windungen und führt am Dorf *Rižana* (Motel „Rižana", 3 km abseits der Hauptstraße) vorüber nach *Škofije*, wo sie auf die Straße *Triest–Koper* trifft: rechts geht es nach *Triest* (s. S. 14/15), geradeaus nach *Ankaran* (s. S. 22), links nach *Koper* und an der Westküste Istriens entlang weiter nach *Pula* (s. Routen 1–3, S. 22–35).

57

Route 9: Ost- und Zentralslowenien
(Maribor – Ljubljana, 136 km)

Die Einfahrt von *Graz* nach Slowenien führt von der Grenzstation *Šentilj* 15 km lang an Hügeln entlang, die mit Rebgärten bedeckt sind. Sie bilden den Westrand der für ihre guten Weine berühmten Landschaft *Slovenske gorice*, zu deutsch „Windische Büheln". Wo die Hügelkette nach Südosten umbiegt, liegt als Sloweniens zweitgrößte Stadt das alte *Marburg*,

Maribor (274 m, 130000 Einw.). Seine Altstadt ist von der Neustadt durch die *Drava* (Drau) getrennt. Während die Altstadt nicht verleugnen kann, daß sie ein Dreivierteljahrtausend (1140 –1919) steiermärkisch-österreichisch war, zeigt die Neustadt modern-jugoslawischen Charakter mit Textil- und Metall-Industrien und dem großen Autowerk TAM.

Von der über die Drau führenden Brücke, die den Hauptplatz der Altstadt, *Glavni trg*, mit dem *Trg Revolucije* der Neustadt verbindet, sieht man nach Norden auf die erhaltenen Türme der Stadtbefestigung, den *Gerichtsturm*, den *Judenturm* und den *Wasserturm*. Gleich neben dem nördlichen Brückenkopf steht auf der Stadtmauer, die dicht am Wasser aufragte, das Haus *Benetke* („Venedig"); es war der Treffpunkt der Drauflößer, die hier ihre Flöße auflösten und die Stämme verkauften.

Auf dem *Glavni trg* steht eine *Mariensäule* zur Erinnerung an das Ende der Pest im Jahr 1680. Drei Jahre später kamen die Türken – wie schon 1529, so zogen sie auch 1683 an Marburg vorbei nach Wien. Am Hauptplatz stehen die barocke *Kirche Sv. Alojzij* (Hl. Aloisius) und das *Rathaus* (1565) im Stil der Renaissance. Hinter dem Rathaus steht der *Dom St. Johannes* mit dem *Renaissance-Glockenturm* und dem 900jährigen *Mesnerhäuschen*, dem ältesten Gebäude der Stadt. Das Dom-Innere wurde oft umgestaltet: die romanische Basilika von 1150 erhielt 1521 einen gotischen Chor; dann wurde barockisiert und wieder neogotisiert. Ähnlich ging es dem *Burgschloß* aus dem 15. Jahrhundert; seine jetzige Gestalt stammt von 1744. Es enthält eine hübsche Rokoko-Stiege und das *Landschaftsmuseum*. Hinter der Burg liegt nahe dem *Nordtor* der *Marktplatz* und der schöne *Stadtpark*, Marburg ist stolz auf seine Oper, seine Schauspiel und seine Konzerte, es ist die jüngste Universitätsstadt Jugoslawiens.

Inf.: Turistčni biro, 62 000 Maribor.

✈ Belgrad, Frankfurt.

🚂 Graz, Dravograd, Ljubljana, Zagreb.

🚌 Nach allen Richtungen.

🚡 Pohorje-Gondelbahn (1050 m).

🏨 „Slavija"; „Habakuk"; „Orel"; „Turist"; „Motel Jezero".

⌂ „Zamorec"; „Bellevue" (Pohorje).

⛺ „Bresternica"; „Orehovo vas".

Maribor bietet Gelegenheit zu Ausflügen nach allen Richtungen:

Panoramastraßen führen in zwei Berggebiete: auf den nordwestlich gelegenen *Kozjak* (*Poßruck*, 700–900 m) und auf das sich weit nach Westen hinziehende wald- und wildreiche *Pohorje* (*Bachergebirge;* 700–1200 m); auf letzteres führt auch bis 1050 Meter eine Seilbahn. Im Sommer ist das Pohorje ein herrliches Wandergebiet, im Winter ein durch Schlepplifte erschlossenes beliebtes Skigebiet.

Abstecher drauaufwärts nach Dravograd (60 km) – Pohorje-Rundfahrt (147 km)

Die Straße führt im Drautal nach Westen. 3 km von Marburg bildet die aufgestaute Drau (bis Dravograd sechs Kraftwerke) einen See, den *Mariborsko jezero;* an ihm liegen Motel und Campingplatz (s. oben), in ihm auf der Insel *Mariborski otok* ein großes Sportbad. 9 km weiter kommt der Ort *Selnica*, von dem man (3 km über die

Maribor

Drau nach Süden) zur alten Wallfahrtskirche *Ruše* (Maria Rast) mit Fresken aus dem 11. Jahrhundert fahren kann. Unweit westlich, gegen *Fala* zu, haben sich Reste der 5 bis 6 m hohen und 2 bis 3 m breiten „Türkenmauer" erhalten, die das Drautal absperrte.

Setzt man von *Selnica* die Fahrt auf dem Nordufer der Drau fort, so kann man (32 km von Marburg) erneut die Drau nach Süden überschreiten und durch *Podvelka* nach

Ribnica na Pohorju (*Reifnig*) fahren und von dort in drei Stunden den *Crni vrh* (1542 m) ersteigen – dieser höchste Gipfel des Pohorje bietet einen Rundblick, der bis zu den Niederen Tauern im Nordwesten und weit in die ungarische Tiefebene nach Osten reicht.

Von *Ribnica* führt eine Straße über *Vuhred* und die *Drau* nach *Radlje*, von wo man am Drau-Nordufer über *Muta* nach

Dravograd (*Unterdrauburg*, 364 m, 1300 Einw.; ↑ „Košenjak") fährt, einem malerisch gelegenen Städtchen, das ein wichtiger Straßen- und Bahnknotenpunkt ist. In der Hauptsaison ist es einer der ruhigeren Grenzübergänge.

Die Rückfahrt nach Marburg führt südlich um das *Pohorje* herum. Im hübschen *Mislinja-Tal* aufwärts kommt

Slovenj Gradec (*Windischgrätz*, 409 m, 3000 Einw.; ↑ „Korotan", „Pohorje"), das eine beliebte Sommerfrische ist und der Geburtsort des Komponisten Hugo Wolf (1860–1903). Südlich des Dorfes *Mislinja* verläßt man die Straße, die über die Industriestadt *Titovo Velenje* in Richtung Celje (s. S. 60) zieht und fährt ostsüdöstlich durch die schönen Wälder des *Pohorje*; über die Orte *Dolič* und *Vitanje* gelangt man in 25 km nach *Stranice*, das an der großen Straße Maribor–Celje–Ljubljana liegt, und kehrt auf ihr über *Slovenska Bistrica* (s. S. 60) nach Marburg zurück.

Abstecher drauabwärts nach Ptuj (26 km)

Die Straße – als Autostraße „Zagorje" (Maribor-Ptuj-Zagreb) ausgezeichnet ausgebaut – führt von Maribor am rechten Donauufer entlang durch die fruchtbare Niederung des *Ptujsko Polje* (*Pettauer Feld*) nach

Ptuj (*Pettau*, 10 000 Einw.). Das an einem sehr günstigen Drau-Übergang gelegene Ptuj hat seine Blütezeiten erlebt: Unter den Römern war es befestigtes Lager einer Legion an der Militärstraße von Oberitalien nach Pannonien, aus dem sich in der Kaiserzeit die Stadt *Poetovio* mit Kaiserpalast, Tempeln, Theater und Thermen entwickelte. Während der Völkerwanderung zerstört, taucht die Stadt um die Jahrtausendwende wieder auf – als *Pettau* im Besitz der Bischöfe von Salzburg; sie wird von den Türken

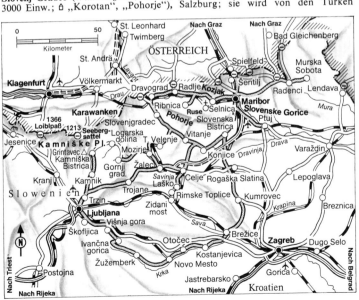

Trachten im Murgebiet

niedergebrannt. 1435 zum dritten Mal aufgebaut und stark befestigt, wird Ptuj Waffenplatz an der österreichischen Militärgrenze gegen die Türken und danach ein Handelsplatz für Landprodukte und Weine (Kellereien), der erst im Zeitalter der Eisenbahn von Maribor überflügelt wird.

Da die Altstadt Ptujs auf dem Platz des römischen Castrums erbaut ist – mit dem Minoriten- und dem Dominikanerkloster anstelle der Ecktürme an der Drau – liegen die Sehenswürdigkeiten nahe beieinander: die *Hauptkirche St. Georg* (11.–13. Jh.), daneben der *Stadtturm*, in dessen Sockel Steine aus der Römerzeit mit Skulpturen und Inschriften verbaut sind. Davor das *Orpheus-Denkmal*, ein 5 m hoher Marmorblock, der 194 n.Chr. von oder für Kaiser Septimius Severus errichtet wurde und noch das Relief erkennen läßt: Orpheus singt vor den Tieren des Waldes; im Mittelalter diente der Stein als Pranger. Endlich erhebt sich am Hauptplatz ein *Rokoko-Standbild des hl. Florian* zum Gedenken an viele Stadtbrände. Das *Dominikanerkloster* (13. Jh.) mit einem Kreuzgang (15. Jh.) enthält das *Stadtmuseum*, der *Wasserturm* an der Drau ein kleines *Weinmuseum;* ein drittes Museum ist im *Schloß* untergebracht (15. Jh., im 17. barockisiert). – ⌂ „Poetovio". – ⌂ „Haložan".

10 km südöstlich von Ptuj liegt auf steilen Felsen hoch über der Drau die *Burg Borl* – heute Schloßhotel.

Abstecher in das Prekomurje (60 km)
Prekomurje wird das Bauernland im Nordosten Sloweniens genannt, das an Österreich und an Ungarn grenzt und von der *Mura* (*Mur*) durchflossen wird. Durch das Weinhügelland der *Slovenske gorice* (*Windische Bühen*) gelangt man nach 48 Kilometern nach
Radenci (*Radein;* 208 m, 500 Einwohner; ⌂ „Radin", „Zdravilíški dom"),
ein Heilbad für Herz-, Kreislauf- und Managerkrankheiten. Zwölf Kilometer weiter liegt als Hauptort des flachen fruchtbaren *Mursko polje*
Murska Sobota (190 m, 6500 Einw.; ⌂ „Diana"; „Zvezda"). Aus den Dörfern in der Umgebung der Landstadt mit ihren buntfarbigen Häusern, die Storchennester tragen, kann man originelle Keramik-Erzeugnisse mitbringen – „schwarze Töpferei", wie sie dort noch geformt und gebrannt wird.

Maribor – Celje – Ljubljana (136 km)
Die Straße von Maribor (Marburg) nach Ljubljana (Laibach) führt in ihrem ersten Abschnitt 20 km lang in südlicher Richtung am Ostrand des *Pohorje*, des Bacherngebirges, entlang. Die Autobahn von Maribor nach Ljubljana ist bis Žalec in Betrieb. Links erstreckt sich die weite Niederung des *Ptujsko polje*, des Pettauer Feldes. Im Städtchen
Slovenska Bistrica (*Windisch-Feistritz;* 284 m, 2500 Einw.) mit einem Schloß, der barocken Josephskirche und gutem Wein aus den Rebgärten an den Südhängen, teilt sich die Straße: der linke, in Südrichtung weiterführende Strang (s. S. 62) bringt nach *Zagreb*, der rechte Strang biegt nach Südwesten um und erreicht nach 14 km
Slovenske Konjice (*Gonobitz;* 332 m, 1200 Einw.) am Südfuß des *Pohorje*, in dem die *Dravinja* entspringt; vor Nordwinden geschützt, gedeiht auch hier Wein. Die Ruine einer Burg erinnert an den Grafen Erasmus Tattenbach, der 1671 in Graz als Teilnehmer an einer Verschwörung gegen die Habsburger hingerichtet und so zum Letzten seines Stammes wurde.

Die Straße zieht nun durch das *Slowenische Hügelland* mit Kornfeldern, Obsthainen und Hopfengärten an den Orten *Stranice* (s. S. 59) und *Vojnik* vorbei nach – 60 km von Maribor –
Celje (*Cilli*, 241 m, 40000 Einw.), das an der Stelle liegt, an der die von Westen kommende *Savinja* (Sann) nach Süden abbiegt, um in ihrem weiteren Lauf, der Save zu, ein romantisches Tal zu bilden.

Celje war schon zur Zeit der Kelten besiedelt. Zur Römerzeit war es unter dem Namen *Claudia Celeia* ein wichtiger Straßenknotenpunkt der Provinz Noricum mit einem befestigten Lager. Nachdem Celeia in den Stürmen der Völkerwanderung untergegangen war, taucht es im frühen Mittelalter wieder auf als Sitz der Grafen von Cilli, eines sehr mächtigen, weitausgreifenden Geschlechts. Unter ihrer Herrschaft entstand die *Burg Ober-Cilli* und die Stadtbefestigung, die so stark war, daß Celje später mehrere Angriffe der Türken abzuweisen vermochte. Aber zu dieser Zeit waren die Grafen von Cilli schon ausgestorben. Es waren ihrer insgesamt 18 – ihre Schädel konnte man in einem Glaskasten hinter dem Hochaltar der *Marienkirche* besichtigen (jetzt im Museum). Einer davon ist eingeschlagen – er gehörte dem mächtigsten (und letzten) der Herren, dem Grafen Ulrich II., der 1456 erschlagen wurde. Nach dem Erlöschen des Geschlechts derer von Cilli kam die Stadt zur Steiermark. Heute ist Celje eine Industriestadt.

Sehenswert sind die gotische *Siebenschmerzen-Kapelle* mit Fresken aus dem 14. Jahrhundert an der Pfarrkirche *St. Daniel*, die *Grafei (Grofija)*, ein Barockbau des 17. Jahrhunderts mit schön bemalten Decken und einem Arkadenhof, und die *Burg Ober-Cilli (Stari grad)* mit dem gut erhaltenen *Friedrichsturm*, in dem sich blutige Szenen des gräflichen Familienlebens abgespielt haben sollen. Jetzt führt eine Autostraße herauf zu einem Aussichtsrestaurant.

Inf.: Turistično društvo, 63 000 Celje.
🚆 Graz, Maribor, Zidani most.
🚌 Maribor, Ljubljana, Zagreb.
⌂ ,,Celeia''; ,,Evropa''; ,,Merx''.
⌂ ,,Ojstrica''. – ⛺ ,,Prebold''.

Celje bietet Gelegenheit zu zwei schönen Ausflügen:

Nach Süden in das untere Savinjatal
Der Fluß durchbricht die *Zasavje-Berge* und fließt nach 11 km an
Laško (*Tüffler;* 231 m, 1400 Einw.; ⌂ ,,Savinja'') vorbei, einem Kurort, dessen warme Radioaktive Quellen vor allem bei Bandscheibenschäden Heilwirkung haben. Mitten im Hopfengebiet, wird hier das vielgetrunkene Bier ,,Lasko'' gebraut.
An der Kirche *Marija Gradec*, die vom linken Flußufer grüßt, vorbei geht es nun in 7 km nach
Rimske Toplice (*Römerbad*). Das kleine Heilbad, das ebenfalls warme radioaktive Quellen hat, wurde schon von den Römern benutzt – man hat ein Bassin ausgegraben und einen Zuleitungskanal. Heute speisen seine Thermen ein Freibad und ein Hallenbad.

Von hier kann man nach Celje zurückkehren oder durch das romantische Tal der Savinja nach *Zidani most* (*Steinbrück*) weiterfahren, wo die Bahnlinien aus Nordostslowenien auf die Strecke von Ljubljana nach Zagreb treffen.

Nach Nordwesten ins das Logartal
Man verläßt *Celje* nach Westen auf der Straße nach Ljubljana (s. S. 62), von der man vor oder nach der Hopfenhandelsstadt *Žalec* nach rechts abbiegt. Wählt man die Abzweigung vor Žalec, so macht man einen Umweg von 7 km, lernt aber die Industriestadt *Titovo Velenje* (398 m, 20000 Einw.; ⌂ ,,Paka'') kennen. Hier wurde einst Braunkohle gegraben, heute ist hier das modernste Werk der jugoslawischen Elektroindustrie ,,Gorenje''. Wählt man die Abzweigung hinter Žalec, so hält man sich stets im oberen Tal der Savinja, in das auch die Straße über Velenje wieder mündet.

31 km von Celje liegt am Übergang des Slowenischen Hügellandes in die Gebirgslandschaft der Steiner Alpen das Dorf *Mozirje* als erstes einer Reihe von Sommerfrischen und Wintersportorten – nahe Mozirje führt eine Seilbahn auf das durch Schlepplifte erschlossene Plateau *Golte* (1400–1590 m). Dann folgt im sich verengenden und zuweilen Waldschluchten bildenden Tal der Savinja der Ort *Ljubno*. 24 Kilometer von Mozirje erreicht man auf der gut ausgebauten Straße das Bergdorf *Luče*, wo die Fahrt wildromantischen Charakter anzunehmen beginnt: das Tal wird so eng, daß es nur noch dem schäumenden Fluß und der Straße Raum läßt; an der Felsnadel *Igla* vorbei kommt man zum Bergdorf *Solčava* (10 km von Luče). Hier biegt man in das *Logartal* (*Logarska dolina*) ein, in dem man noch sieben Kilometer aufwärts fährt. Die Straße endet (72 km von Celje) in einem

Im Logartal

754 Meter hoch gelegenen Kesseltal, das von den gewaltig aufragenden Südwänden der *Karawanken* umstanden ist. – ۩ „Planinski dom".

*

Celje – Ljubljana (76 km)

Die Straße führt 8 km weit nach **Žalec** (257 m, 1200 Einw.), dem Mittelpunkt des bedeutendsten Hopfenanbaugebiets von Jugoslawien und dann an *Šempeter* vorüber mit gut erhaltenen römischen Nekropolen aus der Kaiserzeit. Nun überquert man die *Savinja* (nahebei der Campingplatz *Prebold*) und steigt über den Ort *Vransko* zum **Paß Trojane** (609 m) auf, von dem man einen schönen Blick nach Norden auf die *Kamniške Alpe*, die Steiner Alpen, hat. Von hier an geht es abwärts nach **Domžale** (3000 Einw.), einem Ort, der besonders typisch für die Vermischung von Industrie und Landwirtschaft in Slowenien ist. 2 km weiter liegt **Trzin**, wo rechts die *Straße nach Kamnik* (s. S. 63) abzweigt. Von hier sind es noch 10 km bis zur Hauptstadt Sloweniens,

Ljubljana, siehe Seiten 16 und 17. Hier findet man Anschluß an die Route 7, die zur Adriaküste bei Rijeka führt.

Maribor – Rogaška Slatina – Novo Mesto – Ljubljana (209 km)

Statt von *Maribor* (Marburg) nach *Ljubljana* (Laibach) auf der direkten Straße über Celje (Cilli) zu fahren, kann man die landschaftlich reizvollere Strecke über *Rogaška Slatina, Kumrovec* und *Novo mesto* (Rudolfswerth) im Tal der *Krka* (*Gurktal*) wählen; sie ist allerdings 209 km lang, also um 73 km länger als die direkte Straße.

Die ersten 20 km bis *Slovenska Bistrica* fährt man auf der direkten Straße (s. S. 60), verläßt sie aber dort nach Süden, um nach weiteren 20 km die Straßenkreuzung bei *Podplat* zu erreichen. Hier sollte man nicht versäumen, den kurzen

Abstecher nach Rogaška Slatina (5 km) zu machen. Das frühere *Rohitsch-Sauerbrunn* (228 m, 4000 Einw.) liegt zwischen den Rebhügeln eines geschützten, nach Süden geöffneten Tals. Es ist eines der größten und modernsten Heilbäder des an heilkräftigen Quellen in allen Landesteilen übersprudelnden Jugoslawien.

Mildes Klima, das etwa dem von Meran vergleichbar ist, gepflegte Promenaden, Parks mit hundertjährigen Eichen, moderne Badeanlagen und Trinkhallen garantieren einen angenehmen Kuraufenthalt. Die Heilkraft dieser Quellen war schon im Mittelalter bekannt; Anfang des 18. Jahrhunderts war der Mineralwasserversand das einträgliche Monopol der Wiener Apotheker; große Hotels entstanden erst am Ende des 19. und am Anfang des 20. Jahrhunderts. Rogaška Slatina hat drei berühmte, kalte, kohlensäurehaltige, alkalisch-salinische Quellen: die „Tempel"-Quelle wird wegen ihrer Ergiebigkeit vornehmlich für Tafelwasser genutzt; die „Styria"- und die „Donat"-Quelle dienen Trinkkuren für Leber-, Galle- und Nierenleiden.

Inf.: Zdravilišče, 63250 Rogaška Slatina.

🏨 „Donat"; „Sava".

🏠 „Boč"; „Ljubljanski dom"; „Park"; „Slovenski dom"; „Soča"; „Styria"; „Zagrebški dom"; „Zdraviliški dom".

۩ „Beogradski dom"; „Slatinski dom"; „Strossmayerjev dom"; „Trst".

Zur Kreuzung *Podplat* zurückgekehrt, fährt man weiter nach Süden und tritt in das liebliche Hügelland *Zagorje* ein, das von dem Bach *Sotla* durchflossen wird, dem Grenzfluß zwischen Slowenien und Kroatien. Man hält sich auf den rechten Ufer bis (25 km von Podplat) zum Dorf *Bistrica ob Sotli*, wo links eine Straße (3 km) über die Sotla zu einer gesamtjugoslawischen Sehenswürdigkeit führt, dem kroatischen Dörfchen

Kumrovec. In ihm steht das als Museum eingerichtete Geburtshaus von Marschall Tito, dem Begründer des heutigen Jugoslawien.

Die Straße führt nun durch das Weinbaugebiet *Bizeljsko* und, sich immer weiter von der Sotla entfernend, in 24 km zu dem altertümlichen

Brezice (*Rann*; 165 m, 2000 Einw.), das nördlich des Zusammenflusses der Save mit der Krka (Gurk) liegt; in der die Save beherrschenden *Renaissance-Burg* ist der mit bunten Fresken geschmückte Rittersaal sehenswert und das *Museum* mit Zeugnissen von Illyrerzeiten bis zur Gegenwart. Man überschreitet nun die *Save* und die Autobahn Ljubljana–Zagreb und fährt im Tal der Krka (Gurktal) weiter. Der erste Ort am Fluß ist **Kostanjevica** (*Landstraß*) in einer Schlinge der Gurk. Das im 13. Jahr-

Mühle an der Krka

hundert gegründete *Zisterzienserkloster*, dessen Arkadenhof aus der Barockzeit stammt, ist Mittelpunkt eines Freilichtmuseums, das unter der Bezeichnung „Forma viva" vornehmlich zeitgenössische Holzskulpturen zeigt. Darauf folgt gurkaufwärts das Dorf **Šentjernej.** 3 km südlich liegt *Pleterje*, das einzige Kartäuserkloster Jugoslawiens, mit einer schönen gotischen Kirche von 1420. Auf einer Flußinsel liegt mitten in der Gurk **Otočec**, eine spätmittelalterliche *Burg* mit vier runden Renaissance-Türmen (heute Schloßhotel; ⚠). 4 km nördlich liegt das kleine Heilbad *Smarješke Toplice*. Von *Metlika*, das durch eine starke Burg geschützt war, führt eine Straße nach Süden in das *Uskoken-Gebirge (Gorjanci)* das seinen deutschen Namen jenen Piraten verdankt, die aus Senj (s. S. 46) vertrieben und zwangsweise in diese Berge umgesiedelt wurden. Nördlich liegt in einer Gurk-Schlinge die Hauptstadt Unterkrains *(Dolenjsko)*,
Novo Mesto (*Rudolfswerth*, 202 m, 9000 Einw.). Den Stadthügel krönt die *Kapitelkirche* (15. Jh.) mit einem Altarbild von Tintoretto; auf einem Felsen erhebt sich das *Franziskanerkloster* (1472). – ⌂ „Pri Vodnjaku"; „Kandija". – ⌂ „Metropol".

10 km westlich von Novo Mesto liegt der Ort *Vavta vas*, von dem die Zufahrt zum Rheuma-Heilbad *Dolenjske Toplice* (*Töplitz*) abzweigt. Nach einer Verengung des Gurktals zu einer Klamm kommt man zu dem Ort
Žužemberk (*Seisenberg*, 190 m, 600 Einw.) mit den Ruinen einer mächtigen Burg aus dem 16. Jahrhundert, die sich über den Kaskaden des Flusses erheben. Sie schützte die mittelalterlichen Eisenhütten des flußaufwärts gelegenen Ortes *Zagradec*.

Auf der Weiterfahrt sieht man an der Gurk zahlreiche alte Mühlen. Bei *Krška vas* biegt die Straße nach Norden zur Autobahn um – 1 km nordöstlich des Ortes entspringt die Krka (Gurk) einer Quelle mit starker Schüttung als fertiger Fluß, der, wie im Karst häufig, nach unterirdischem Lauf kraftvoll zutage tritt. In

Ivančna gorica trifft man auf die Autobahn (Autoput) *Ljubljana–Zagreb*, auf der man nun in 30 km an dem altertümlichen Ort *Višnja gora* vorbei und über Škofljica nach

Ljubljana, 209 km, fährt. Eine ausführliche Beschreibung findet man auf den Seiten 16 und 17. Anschluß an die Route 7 zur Adria siehe Seite 53.

In die Steiner Alpen
Wer aus Nordwesten oder Südwesten nach Ljubljana kommt und wenigstens ein Stück von *Nordostslowenien* sehen möchte, findet Gelegenheit dazu bei einer Fahrt über *Kamnik* in die *Steiner Alpen* (*Kamniške alpe*). Man fährt zunächst 10 km nordwärts auf der Straße nach Maribor bis *Trzin*, biegt aber dort nicht rechts ab, sondern fährt geradeaus weiter nach (21 km von Ljubljana)

Kamnik (*Stein*; 406 m, 7000 Einw.). Das am Fuß der Berge gelegene gemütliche Städtchen ist eine beliebte Sommerfrische mit einigen Sehenswürdigkeiten: den Ruinen der alten, einst von den Edlen von Kamnik bewohnten Schlösser, dem Portal (12. Jh.) der Stadtkapelle, dem Barockschloß Zaprice, das jetzt Museum ist.
⌂ „Planika". – ⚠.

Weiter talaufwärts kommt man in 13 km nach *Kamniška Bistrica*, wo viele Wanderwege zu den Almen und auf die Gipfel (Grintovec, Skuta, Kočna, Brana, Planjava, Ojstrica) der Steiner Alpen führen, die den nur wenig höheren Karawanken südlich vorgelagert sind. Die Bergwälder sind wildreich (oberhalb der Baumgrenze lebt ein Steinbock-*(kozorog)* Rudel), der Fluß reich an Fischen und Badeplätzen. Neuerdings führt eine Gondelbahn auf die *Velika planina*, eine wellige Hochfläche in Lagen zwischen 1400 und 1650 m; dort oben gibt es das Hotel Šimnovec, Alpenheime und eine Besonderheit: schindelgedeckte Sennhütten von elliptischem Grundriß. Im Winter herrscht, dank mehrerer Aufstiegshilfen, lebhafter Skibetrieb.

Register

Ajdovščina 56
Ankaran 22

Baderna 30
Bakar 46
Bakarac 46
Bale 34
Banjole 35
Barban 42
Baška 48
Beram 31
Bled 50
Bohinsko jezero 52
Brestova 40
Brežice 62
Brijuni (Brioni) 35
Brseč 40
Buje 26
Buzet 28

Celje 60
Cerovlje 31
Cres 42
Crikvenica 46
Črišnjevo 46
Črni vrh 59
Črvar 29

Divača 54, 56
Dolenjske Toplice 63
Domžale 62
Draguć 31
Dravograd 59
Duino 15
Dvigrad 33

Fažana 34

Gozd Martuljek 50
Gračišće 31
Grožnjan 26

Hrastovlje 23

Ičići 36, 38
Idrija 53
Ika 36, 38
Ilirska Bistrica 54
Ilovik 45
Istarske Toplice 28
Ivančna gorica 63
Izola 23

Jablanac 46
Jesenice 50
Juliana (Alpengarten) 55

Kalce 53
Kamnik 63
Kamniška Bistrica 63
Kanfanar 33
Kastav 38
Kobarid 55
Koper 22, 57
Koromačno 42
Kostanjevica 62
Kozina 57
Kozjak-See 47
Kraljevica 46
Kranj 52
Kranjska gora 50, 55
Krk 48

Krka-Tal 62
Kumrovec 62

Labin 40
Laško 61
Limski kanal 30
Lipica 57
Ljubelj 52
Ljubljana 16, 53, 62, 63
Logarska dolina 61
Logatec 53
Loiblpaß 52
Lopar 49
Lošinj 44
Lovran 38
Luče 61

Mali Lošinj 44
Malinska 48
Mangart 55
Marčana 42
Maribor 58
Martinšćica 44
Matulji 36
Medulin 35
Medveja 39
Miramare 15
Mojstrana 50
Mošćenice 39
Mošćenička Draga 39
Motovun 27
Mozirje 61
Murska Sobota 60

Njivice 48
Nova Gorica 56
Novigrad 29
Novi Vinodolski 46
Novo Mesto 63

Omišalj 48
Opatija 36
Oprtalj 28
Orjule 45
Osor 44
Otočac 47
Otočec 63

Pazin 31
Peroj 34
Pićan 31
Piran 24
Planica 50
Plitwitzer Seen 47
Plomin 40
Podkoren 50
Podnanos 56
Pohorje 58
Poreč 29
Porozina 42
Portorož 25
Postojna 53
Predjama 54
Prekomurje 60
Premantura 35
Ptuj 59
Pula 18, 35, 42
Punat 48
Punta Križa 44

Rab 48
Rabac 41
Radenci 60

Raša 42
Ribnica na Pohorju 59
Rijeka 20, 46
Rimske Toplice 61
Roč 37
Rogaška Slatina 62
Rovinj 32
Ruše 59

Savinja 61
Savudrija 26
Seebergsattel 53
Selce 46
Senj 46
Senožeče 56
Šentilj 58
Škocjanska jama 57
Škofije 22
Škofja Loka 53
Slovenj Gradec 59
Slovenska Bistrica 60
Slovenske Gorice 58
Slovenske Konjice 60
Snežnik 54
Soča 55
Solčava 61
Srednij vrh 50
Susak 45
Sveti Nikola (Poreč) 30
Sveti Petar u Sumi 30
Svetvinčenat 34

Tar 29
Tolmin 56
Triest 22
Triglav 50, 51, 52, 55
Trojane-Paß 62
Tržič 52
Trzin 62

Učka 37
Umag 29
Unije 45

Velenje 61
Velika planina 63
Veli Lošinj 45
Veprinac 37
Verudela 35
Vinodol 46
Vipava 56
Vizače 42
Vodnjan 34
Vogel 52
Vojak 52
Volosko 36
Vrana-See 43
Vranje 31
Vrata-Tal 50
Vratnik-Paß 47
Vrbnik 48
Vrhnika 53
Vrsar 30
Vršič sedlo 55

Wurzenpaß 50

Žalec 61
Završje 27
Zelenica 52
Židani most 61
Žminj 34
Žužemberk 63